ZWOGGÄLA, GRISCHPERLA UND BLUNZN

RETTL MOTSCHENBACHER

ZWOGGÄLA, GRISCHPERLA UND BLUNZN

NEUE GESCHICHTEN VOM BAMBERGER KAULBERG

Mit einem Nachwort von
Karin Dengler-Schreiber
und vielen alten Fotografien

VERLAG FRÄNKISCHER TAG

© 1999 Verlag Fränkischer Tag, Bamberg
Alle Rechte vorbehalten
Lektorat: Monika Beer
Vignetten: Dieter Lang
Satz und Gestaltung: Daniel Palasti
Gesamtherstellung: Fränkischer Tag GmbH & Co. KG, Bamberg
Printed in Germany

ISBN 3-928648-51-9

INHALTSVERZEICHNIS

Seite

Vorwort
Wär denn des nix füä Sie? 7

Wos, Sie sän des?	11
In ächt sän Sie fei schönnä	13
Grüß Gott, Fra Doktä	16
Gäulsbauern, Hoofn und Scherbn	19
Des worn dä so Kavaliere	22
Schooln und Häutla	25
Quecken und anderes Unkraut	28
Hostes?	31
Schulmastä	35
Die Nanni und ihr (Sch)orsch	38
Wirklich gschtorm?	41
Geizkroong, Hühnämoong	44
Sündenzettel	48
Der schönste Tag	51
Anton, fahr feierlich!	55
Klaa – groß – net größä	58
Die Heilige Familie in Seenot	62
Diebe in Kana	65
Die richtich Muttägottes	68
Allähand Fohna	71
Unsä Sebastian	74
Touristen und Experten	77
Zä vill Sex odä zä weng?	81

Die vägeßlich Kuni	84
Schwiegermutter, geschenkt	86
Lautä Blunzn?	89
Allerlei Spatzen	92
Holzschuhe in Es-Dur	94
Der Pfarrer vom Kaulberg	98
Mit einer goldenen Kelle	102
Ich gratälier dich zu dein Dooch	106
Zeltlager-Erinnerungen	109
Habemus Babam	111
Kindstaaf heutzädooch	115

Rezept
Keeskuung mit Streusäla 118

Über die Autorin 119

Nachwort
»Inseln des Vertrauten«
von Karin Dengler-Schreiber 120

Anhang
Danksagung 126
Abbildungsnachweis 127

WÄR DENN DES NIX FÜÄ SIE?

Nach dem Erscheinen meines Buches »Häcker, Heilige und Hollämöffl« im Oktober 1997 kündigte ich in der Lokalredaktion des FT an, daß ich jetzt nichts mehr schreiben würde. Rudolf Häußler fing an zu lachen: »Do geh ich jeda Wett ei, daß Sie uns in a poä Wochn widdä a Gschicht bringa!« Ich widersprach heftig, und schließlich wetteten wir um eine Flasche Sekt. Schon bei der Signierstunde im Advent wurden so viele Anregungen an mich herangetragen, daß ich gar nicht anders konnte und eines Tages wieder mit einer Flasche Sekt und an Gschichtla in der Redaktion auftauchte.

Und mit den Anregungen und Anekdoten ging's so weiter, schriftlich, mündlich und am Telefon: »Wär denn des nix füä Sie?« oder »Des könnäst doch amol bringa!« Ein Brief mit der lapidaren Anschrift: »An die Heimatdichterin Rettl Motschenbacher, Kaulberg?« irrte eine Woche umher, bis er mich erreichte. So kann man sagen, daß an den Geschichten eine Menge Bamberger Anteil haben.

Gut war es natürlich für das etwas unterentwickelte Selbstbewußtsein einer »Nur-Hausfrau«, daß Hermann Kinder, Professor für Neue Deutsche Literatur und selbst Schriftsteller, das »Hollämöffl«-Buch folgendermaßen beurteilte: »Ein gediegenes Stück Sozialgeschichte, voller aufgehobener oral history, ein bißchen lakonisch, ironisch, gottfried kellersch, lehrreich und liebenswert. Und für mich, der ich ja das Lokale nicht kenne, ein freies, poetisches Geschichtenbuch.«

Hierher gehört auch eine Episode, die ich vor ein paar Wochen am Münchner Flughafen erlebte. Mein Mann und ich warteten mit unserer Gruppe in einer Cafeteria auf den Abflug. Da ließen sich, im breitgestreiften Hemd, Manfred Krug und sein Kollege Charles Brauer am Nebentisch nieder. Alle

Blicke folgten ihm, als er zur Theke ging und zwei Paar Weißwürste und zwei Tassen Kaffee an seinen Platz balancierte – mit einem abweisenden Gesicht, Marke »Sprecht mich ja nicht an«. Die Gerti fand als erste die Sprache wieder: »Etz loß mä uns mit dem fotografiern und schreiben donn nein FT: Der Bibelkreis St. Urban mit Manfred Krug in Rom!« Aber unsere Männer mit den Fotoapparaten machten keine Miene, diese Idee in die Tat umzusetzen. Die Enkelin einer Dame aus unserer Gruppe bat ihre Oma flehentlich, den Schauspieler doch um ein Autogramm zu fragen. »Ich kenn ja den Herrn gor net, wo ich doch so seltn fernseh!« sagte die zuerst. Aber der netten Enkeltochter zuliebe sprach sie ihn an, und er war auch bereit. Ich stellte mich daneben und – vom Espresso »enthemmt« – versuchte, ihn aus der Reserve zu locken: »Ich finde Ihr Buch sehr gut!« Er fragte: »Welches Buch meinen Sie?« »›Abgehauen‹ – über Ihre Flucht aus der DDR!« »Och, das meinen Sie, da müssen Sie erst einmal meine anderen Bücher lesen!« Spontan und ohne nachzudenken gab ich zurück: »Sie lesen meine ja auch nicht!« Da war Manfred Krug wie umgedreht: »Entschuldigen Sie, gnädige Frau, ich wußte ja nicht, daß Sie schreiben. Müßte ich Sie kennen? Wie heißt denn Ihr Buch?« »Den Titel kann ich Ihnen schon sagen, aber Sie werden Ihn nicht ganz verstehen: ›Häcker, Heilige und Hollämöffl.‹« »Bitte, was ist ein Höllenmoffel?« »In Berlin würde man sagen: ein Elefant im Porzellanladen!« »Ich verstehe, aber jetzt müssen Sie mir noch Ihr Pseudonym sagen, Sie haben doch eins?« »Rettl Motschenbacher.« Er schaute mich an, als ob ich chinesisch geredet hätte. Als ich es wiederholte, dämmerte bei ihm etwas. »Mutzenbacher?« fragte er, »ist das nicht jemand, der so schmierige Geschichten geschrieben hat?« »Also die Josefine Mutzenbacher bin ich nicht«, sagte ich belustigt, »da wär ich ja noch aus dem 19. Jahrhundert – und für so erotisch halt ich mich nun auch wieder nicht!« Er ent-

Buchautoren unter sich ...

schuldigte sich schon wieder. Während ich ihm langsam meinen Namen buchstabieren mußte, wurde unser Flug aufgerufen. Krug flog natürlich nicht mit nach Rom, sondern nach Berlin. Das neue Buch werde ich ihm sicher schicken, auch wenn im Titel kein Hollämöffl vorkommt, obä in die Gschichtn scho – die stärbn ja net aus!

Und damit alle Leser, die des Bambergischen nicht ganz mächtig sind, auch den neuen Titel »Zwoggäla, Grischperla und Blunzn« verstehen können, hier eine kurze Erklärung:

»Zwoggäla« ist ein Kosename für Babys und kleine Kinder. Die Form »Zwoggl« bedeutet soviel wie kleiner Mensch oder

Zwerg und wird für Kinder und Erwachsene (sowohl männlichen als auch weiblichen Geschlechts) verwendet.

Bei »Grischperla« muß ich etwas weiter ausholen. Meine Mutter verwendete noch eine andere Form: »Deä is ja ner so a Grischpinus!« Als Kind fragte ich sie nach der Bedeutung dieses Worts, und sie erzählte mir die Legende von den heilig gesprochenen Schustergesellen Crispinus und Crispinian, die nach ihrer Tagesarbeit noch heimlich in der Nacht für die Armen kostenlos Schuhe anfertigten. Bei dieser pausenlosen Tätigkeit hätten sie sich ganz aufgezehrt und seien immer mehr dahingeschwunden, bis sie schließlich in einer Christenverfolgung den Martertod gestorben seien. Ich weiß zwar, daß diese volkstümliche Ausfaltung von der offiziellen kirchlichen Version etwas abweicht, aber sicher ist, daß Grischpinus oder Grischperla für einen kleinen, dünnen (meist männlichen) Menschen gebraucht wurde, der in Bamberg auch »Zuwoog« oder »Suppenbaa« heißen kann.

Eine »Blunzn« ist ganz profan ein Wurstdarm, im übertragenen Sinn und ausgesprochen bildhaft ein dicker (vorzugsweise weiblicher) Mensch.

WOS, SIE SÄN DES?

Signierstunde für »Häcker, Heilige und Hollämöffl« in der FT-Geschäftsstelle in der Hauptwachstraße. Auf dem adventlich geschmückten Tisch wartet schon ein Stoß »Vorbestellungen« zum Signieren. Kaum habe ich angefangen, betritt eine Frau den Raum, die ich vom Sehen kenne. Sie bleibt wie angewurzelt stehen und schreit: »Wos, Sie sän des? Des gibts ja net! Ich wollt doch die Rettl Motschenbacher sähng und des Buch kaafn – und etz sän Sie des!« Ich weiß nicht, was sie sich für eine Rarität vorgestellt hat, und sag ironisch: »Ja, donn konn ja des Buch nix Gscheits sei – übälegn Sie sichs fei gut!« »Maana Sie? No, ich riskiers amol, obä neischreibn tun Sie nix, donn konn ichs väleicht nuch umtauschn!«

Inzwischen hat sich eine Schlange von Käufern gebildet, und ich frage jeweils: »Solls allgemein sein oder möchten Sie eine besondere Widmung?« »Ja«, sagt da eine Frau, »schreiben Sie für Hans, den Hollämöffl!« Ich schaue sie erstaunt an: »Wird er mich auch nicht verklagen?« »Na naa, des is doch mei Moo, do steht ä, der hot nix dägegn.« Der Gatte bekräftigt nickend, und ich versichere ihm, daß er überhaupt nicht wie ein Hollämöffl aussieht. Da prophezeit mir ein Besucher, daß Hollämöffl in Bamberg bestimmt das »Wort des Jahres« würde. »Des glaab i net ganz«, zweifle ich, »obä daß die Hollämöffl – grod aa im Väkehr – immä mährä wern, sell stimmt scho.« »Ja, des fällt am etz örscht so richtich auf – zägoä geistlicha Hollämöffl gibts!«

Der nächste Wunsch: Für Karl aus der Hölle die besten Weihnachtswünsche! Sofort fallen mir bedrohlich wirkende Stichworte ein: Grüne Hölle – Quecksilberbergwerk – Sibirien. Aber wir sind ja in Bamberg! Bei näherem Hinsehen erkenne ich eine Bewohnerin der Hölle unterhalb der Oberen Pfarre.

Dazwischen kommen immer wieder gestandene Frauen und Männer, die in ihrer Kindheit auf dem Kaulberg gelebt haben: »Och, woä des schöö domols! Obä so, wie's amol woä, is fei heut aa nimmä«, sagen sie wehmütig und finden es gut, daß die »Stückla vo frühä« aufgeschrieben werden. Ein weiblicher Single gesteht, daß sie die Geschichten immer nachts im Bett liest und dann laut vor sich hinlacht. Als Geburtstagswidmung für ein junges Mädchen wird gewünscht: »A Kuß vo am mit am Schnörrnla is bessä als Kaffee und Hörnla!« »A Zwiebäla vädärbt nix ...« steht auch hoch im Kurs.

Die mörbn Laabla, die der Schönbeck Seel so appetitlich gebacken hat, sind genau, wie sie sein müssen: außen goldbraun und innen »wollärich« und werden sehr gelobt. Die Lektorin tupft immer wieder behutsam die Widmung mit dem Löschpapier ab und preist die Laabla an, vergißt auch nicht den Hinweis, daß das Rezept zum Nachbacken hinten im Buch zu finden ist. Den Leuten, die's interessiert, erzähle ich, daß meine Großmutter die Laabla hauptsächlich im Advent und in der Fastenzeit gebacken hat, weil man da auf süßen Kuchen verzichtete. Ein Mann aus der Wunderburg erntet Gelächter unter den Wartenden, als er augenzwinkernd sagt: »Ich hob ghöat, daß heut in dä Gschäftsstell vom FT Manna gibt. Do hob i gädocht: Nix wie noo! No, etz kaaf i mä zu meina zwaa Laabla a poä Ringelä Gelbwurscht, donn hob i a feina Brotzeit!«

Der nächste Besucher fragt unsicher, ob ich es denn selber wäre oder ob die Rettl ihre Tochter geschickt hätte. »Sie sän nuch so juchändlich, und mei Voddä hot gsocht, die Rettl müßt scho weit übä 80 sei!« Ich erkläre ihm, daß ich den Namen meiner Patentante als Pseudonym gewählt habe und daß ich schon noch ein bißchen hin hätte auf die 80.

Die Zeit vergeht schnell, und nach zwei Stunden habe ich über 200 Bücher als Rettl Motschenbacher signiert. Tatsäch-

lich, jetzt bin ich nahe an der »Idendidädsgrisn«, die mein Neffe vorausgeahnt hat mit seiner Widmung:
Binni etzäd di Marga oddä die Reddl?
Longsom waasi's nimmä!

IN ÄCHT SÄN SIE FEI SCHÖNNÄ

Eigentlich hielt ich ja gar nicht viel von der Idee, auch noch ein Jahr später an einem Samstag im Advent eine Signierstunde zu veranstalten. Wer das »Hollämöffl«-Buch will – so dachte ich –, der hat es doch längst. Obä mä steckt halt net drinna! Ich sitze also in der Geschäftsstelle und signiere vorbestellte Bücher. »Wos, gäll du ärberst auf dei oldn Dooch nuch beim FT?« fragt mich eine Bekannte, mit der ich vor 50 Jahren in der Pfarrjugendgruppe war. »No, ich signier halt mein Buch.« »Dei Buch?« fragt sie verblüfft und dann, nach einer Denkpause: »Obä die Rettl Motschenbacher bist du doch net!«

Eine Frau aus der Scheßlitzer Gegend will wissen, aus welchem Dorf der »Baptist« stammt, der in einigen Geschichten vorkommt, und wie er mit Nachnamen hieß. Und siehe, sie hat richtig kombiniert, es ist ihr Nachbarort und sie kennt die Familie. »Und des Buch hom Sie wirklich selbä gschriebn?« Sie scheint es mir nicht recht zuzutrauen: »Obä Sie wern doch sichä an Goosdreidä ghobt hom!«

Manche Leute finden, daß ich auf dem Bild der Anzeige ganz anders aussehe: »Obä in ächt sän Sie fei schönnä!« »Wenn Sie maana!«

Ein Junge möchte keine Widmung: »Naa, bloß a Autogramm!« Er ist als einziger nicht zimperlich und nimmt sich nicht nur ein Stück vom »Kaulberger Spekulatius«, sondern erfreut gleich a Hämpfäla (eine Handvoll). Als meine Großmutter vor 100 Jahren die Plätzchen gebacken hat, mußte sie erst einen Zuckerhut zerstoßen.

Mit einer alten Dame haben wir, die Lektorin und ich, ein anregendes Gespräch über die Zusammenhänge zwischen fränkischer Mundart und Mittelhochdeutsch. Schließlich rezitiert die 80jährige Teile aus einem Gedicht, das sie über die Botero-Plastiken geschrieben hat. Es ist so witzig, daß wir sie ermuntern, es unbedingt an die Zeitung zu geben.

Besonders erfreulich finde ich, daß Leute kommen, die das Buch schon längst haben, sich aber mit mir unterhalten möchten. »Und wann kommt das zweite Buch mit den neuen Geschichten?« »No ja, välleicht nächstes Joä um die Zeit!« Eine Frau zeigt mir herrliche alte Fotos, die ich gern dafür verwenden dürfe, und erzählt mir auch gleich eine Geschichte. Sie spielt nicht direkt am Kaulberg, sondern in der Matern, und zwar muß es vor 1872 gewesen sein, weil dann in Bam-

»In ächt schönnä«
als auf diesem
Foto: Rettl
Motschenbacher

berg die Wasserleitungen gelegt wurden. Ihre Urgroßmutter hatte zur Entbindung und für die erste Zeit danach eine Base vom Land zur Hilfe im Haushalt kommen lassen: »Die Lies hot orch gejammät, daß sie den ganzn Dooch mit dä Buttn Wassä vom Brunna heätroong gämüßt hot: fürs Kinnäbodn, Windlwaschn, fürs Spüln, Kochn und Putzn – und waschn don sie sich aa jedn Dooch, die Stodtleut!« Es ging über ihr Verständnis, wie man so viel Wasser verschwenden konnte. Von ihrem Dorf auf dem Jura war die Boos äußerste Sparsamkeit gewöhnt.

Nach ein paar Tagen fiel es der Wöchnerin auf, daß ihr vierjähriger Bub, des Josefla, absolut nichts trinken wollte. »Ich hob kan Durscht, ich mooch kan Tee!« war seine ständige Red. Die Mutter konnte es sich nicht erklären und machte sich Sorgen: »Josefla, du trocknst doch ganz aus, etz trink doch wos!« Aber er biß die Lippen zusammen und schüttelte eigensinnig den Kopf.

Erst als die Hausfrau nach neun Tagen aus dem Wochenbett ein wenig aufstehen durfte – so war das damals üblich –, kam sie der Sache auf den Grund. Zu Mittag machte die Lies am liebsten a poä Wörscht haaß, Knackä, Rot- odä Läbäwörscht. Sie hütete sich aber, das fettige Wasser wegzuschütten, sondern erklärte stolz: »Und do kochi etz gleich nuch an Pfäffämünztee draus – odä möchtä liebä an aus Gomelln?«

GRÜSS GOTT, FRA DOKTÄ!

Meine Großmutter hatte eine schöne, deutliche Handschrift. Deswegen mußte sie, vor allem zu Anfang jedes Jahres, mit Tinte und feiner, spitzer Feder die Rechnungen des Großvaters schreiben. Vor den Namen des Empfängers setzte sie – es liegt ungefähr 100 Jahre zurück – jedesmal ein schwungvolles »wohlgeboren«; es gab sogar einige »hochwohlgeborene« Kunden. Hätte sie dies vergessen, so wäre es übel aufgenommen worden und hätte sich schlecht aufs Geschäft ausgewirkt: Schließlich brauchte der Großvater das Geld. Er mußte ja bald wie alle anderen Handwerksmeister den Gang zum »Rentamt« antreten, wie das Finanzamt damals hieß. Seine gesamte Buchführung nahm er mit sich: Sie bestand aus einem einzigen, nicht sehr großen, schwarzen Buch mit Einnahmen und Ausgaben. Danach wurden an Ort und Stelle seine Steuern errechnet, die er nach Möglichkeit sofort bezahlte.

Sein Sohn, mein Vater, hackte die Rechnungen schon mit zwei Fingern auf der uralten Schreibmaschine »Orga privat« herunter. Inzwischen war das »wohlgeboren« zwar aus der

Mode gekommen, aber nach wie vor legte man großen Wert auf Titel, auch wenn der noch so klein war. Mein Vater beförderte deswegen seine Kunden auf den Rechnungen stets eine Stufe nach oben: Aus einem städtischen Assistenten machte er einen Sekretär, aus einem Inspektor einen Oberinspektor und aus einem Lehrer einen Haupt- oder Oberlehrer. Er erhoffte sich wohl eine schnellere Bezahlung – aber es blieb alles, wie es war: Die guten Kunden zahlten pünktlich, es gab viele »schlechta Zohlä«, und manche Rechnungen waren sogar nach Jahren noch offen. Weil der Weg zum Gericht gescheut wurde, hieß es dann irgendwann: »Des griechi aa nimmä, des konni miä gleich noos Baa schmieän!«

1917/18: Häcker Nagengast (links) verkauft ein Schwein

Auch heutzutage spielen Titel, gerade bei Geschäften, noch eine Rolle. In einer Bamberger Metzgerei konnte sich die Frau des Meisters gar nicht genugtun, manche ihrer Kundinnen mit »Frau Doktor« oder »Frau Professor« anzureden und sie bevorzugt zu bedienen. Verärgert beklagte sich die Liesl bei ihrem Mann darüber: »Do haaßts Fra Amtsrod, Fra Doktä und Fra Professä nauf und runtä! Und däbei säns bloß die Titl vo ihra Männä, und eichäntlich hom sie goä kan Onspruch drauf! Und wenn die Fra Professä bloß 50 Gramm Göttingä und zwaa Scheibn Schinkn nimmt, is sie trotzdem zehä Mol meä oogsähng wie iich ohna irgend an Titl – aa wenni die Wurscht pfundweis kaaf und nuch an Haufn Fleisch extra!« »Des grieng miä scho!« sagte ihr Mann und schmunzelte.

Als seine Frau wieder einmal im Laden wartet, späht er durchs Schaufenster, ob keine Bekannten da sind – die Metzgerin kennt ihn sowieso nicht. Und dann beginnt er mit der Komödie. Er geht auf seine Frau zu und ruft mit freudigem Erstaunen: »Ja, Grüß Gott, Fra Doktä, daß mä Sie amol widdä siecht! Und wie gehts dem Hän Gämohl? Is ä scho Professä worn? Donn entschuldichn Sie nä, daßi net gratälieät hob!« Seine Frau schaut ihn irritiert an und sucht nach Worten, was ihr die Metzgerin als »noble Zurückhaltung« auslegt. Schnell sagt sie dann: »So a feina Fraa, die Fra Professä, und so bäscheidn! Also, nuch nochträglich mei Gratälation! Wos derfs denn heut sei? A Rindälendn? Wartn Sie, do hobi draußn nuch a gonz zorta, gut abghängta – extra füä Ihnäna!«

Einen Titel ganz andrer Art bekam schließlich die Anni, diesmal ausnahmsweise von den Kunden. Seit Jahrzehnten besorgte sie in der Metzgerei den Fleischverkauf, suchte für jede Kundin das passende, saftigste, beste Stück heraus und zeigte es von seiner besten Seite: »Soong Sie selbä, des könnt doch goä net schönnä sei, is des net wie gämolt?« Eines Samstags steht unter den Wartenden an der Fleischtheke ein Herr im dezenten Trachten-Look. Die Chefin begrüßt ihn: »Ah, dä Hä Doktä kaft heut selbä ei!« Er möchte zwei Pfund Rindfleisch zum Braten. »Und welchs Stück? Välleicht zum Kurzbrotn?« »Mei Frau hat gsagt«, antwortet der Herr Rechtsanwalt, leicht oberbayrisch gefärbt, »des wissert d'Anni scho!« »Obä die Anni is in Urlaub! Die is heut net do!« »Was«, ruft er erstaunt aus, »sie is net da! Und da bricht der Betrieb net zamm? Ja, des gibts do gor net – wo doch d'Anni die Seel vom Fleisch is!«

GÄULSBAUERN, HOOFN UND SCHERBN

Wer nach dieser Überschrift eine Geschichte von einem Bauern erwartet, dem die Gäule durchgehen und dann einen Stand überrennen, so daß das ganze irdene Geschirr zu Bruch geht, den muß ich enttäuschen. So einfach sind die Zusammenhänge nicht, und die Erinnerung geht oft verschlungene Wege und koppelt zusammen, was gar nicht zusammenzupassen scheint.

Anfangen tut's wie so oft bei meiner Großmutter Kuni und ihrem schmalen Haushaltsgeld von einer Mark pro Tag für zwei Erwachsene und fünf Kinder. Gemüse, Kartoffeln und a weng Gaasmilch waren vorhanden, aber Mehl zum Brotbacken, Eier, Butter und Fleisch mußte sie davon schon bestreiten. Jeden Morgen – ob Sommer oder Winter – schürte sie in aller Früh mit Reisig ihren Kachelherd an. Als erstes hängte sie den gußeisernen Kaffeetopf ein.

Sie nahm mit dem Schürhaken die Herdringe heraus und setzte in die Öffnung den »Neihänghoofn«, damit ihn die Flammen direkt erwärmten. War der angesetzte Ruß irgendwann zu dick, wurde er einfach abgekratzt. Das übrige Kochgeschirr bestand aus »Rutschern«, irdenen Häfen, die die gleichmäßige Wärme der Herdplatte aushielten. Das darin gekochte Essen war – wie man aus der französischen Küche weiß – sehr wohlschmeckend.

O weh! Manchmal passierte es trotz aller Vorsicht, daß so ein Hafen zerbrach – das kam einer mittleren Katastrophe gleich. Woher das Geld für einen neuen nehmen? Die Kinder halfen nach Kräften und gaben der Mutter die Pfennige und Fünferla, die sie für kleine Hilfsdienste von den Nachbarn bekommen hatten. Aber sie mußte trotzdem seufzend den größten Batzen von ihrem Haushaltsgeld abzwacken.

Etwas besser wurde die finanzielle Lage erst, als die Kuni ein Gemüsegeschäft eröffnete, das später unter ihrer Tochter Babett eine »marktbeherrschende Stellung« auf dem Kaulberg einnahm. Im Spätherbst kamen dann aus dem Aurachgrund die Bauern mit ihren »Gäulsfuhrwerken« an, um Kartoffeln zu bringen, die bis zur neuen Ernte für das Geschäft ausreichen sollten. Der Motthäsn-Bauer trug die Kartoffelsäcke Zentner für Zentner die halsbrecherische Treppe in den Felsenkeller hinunter, in dem es damals noch kein elektrisches Licht gab.

Der Salomon war ein Riese, der in seiner Jugend beim Leibregiment in München gedient hatte. Von der Babett wurde er mit großer Hochachtung behandelt, denn er war als »Gäulsbauer« ein wohlhabender und außerdem ein frommer Mann. Zum Bezahlen führte sie ihn sogar in die Wohnstube. Es gab kein langes Handeln und Feilschen: Der Bauer war froh über die große abgenommene Menge, und die Babett sagte ihrerseits: »Wos halt räächt is.« Weil sie wußte, daß er sehr kirchentreu war, erzählte sie ihm vom Jubiläum eines erblindeten Priesters in der Oberen Pfarre. Die Feier war damals – in der Zeit des Nazi-Regimes – völlig auf den Kirchenraum beschränkt. Obwohl sie nur durch Mundpropaganda weitergegeben wurde, war die Be-

Kartoffellieferung zum Einkellern im Herbst am Knöcklein

teiligung der Kaulberger daran sehr groß. Bei der begeisterten Schilderung war auch die achtjährige Nichte der Babett im Zimmer. »Marrila«, sagte da die Tant, »drooch doch amol dem Herrn Salomon des schöna Gädicht voä, des wus du bei dem Jubiläum in dä Kärng aufgsocht host. Des hot fei zwölf Strophn, und des Maadla is ka Mol steckn gäbliem!«

Des Maadla hot sich orch gästräubt – obä gechä die Tant is sie net ookumma. Der große Mann stand da, mit der Mütze in der Hand, andächtig wie in der Kirche. Als die anrührende Stelle über das Schicksal des blinden Priesters kam, sprangen aus seinen hellblauen Augen die Tränen nur so herunter. Das Marrila wußte gar nicht mehr, wo es hinschauen sollte: Es hatte doch noch nie einen Mann weinen sehen! »Es is halt so ägreifänd«, sagte er, indem er die Augen wischte und sich immer wieder bedankte. Jedesmal, wenn er im Herbst Kartoffeln brachte, wollte er das Gedicht wieder hören, aber nach dem zweiten Mal war die Marri nicht mehr aufzuspüren.

Günstiger und praktischer war es für die Hausfrau natürlich, die Kartoffeln nicht pfundweise heimzutragen, sondern sie zu Hause einzukellern. Durch die Vermittlung der Babett konnte unser Gäulsbauer auch Kartoffeln an eine Großtante liefern, die zu »die bessän Leut« gehörte. Er wurde in den »Salon« geführt, um dort auf die Bezahlung zu warten. Natürlich im Stehen, er hätte nicht gewagt, sich auf die seidenbezogenen Biedermeierstühle zu setzen.

An der Wand hing, auf ein Porzellanoval gemalt, das Bild eines schönen jungen Mädchens, an dem er sich nicht sattsehen konnte. Als die Dame des Hauses eintrat, bewunderte er das Porträt über die Maßen. Schließlich gestand sie errötend, daß dies ein Jugendbild von ihr selber sei. Da war er baff und schaute sie ganz genau an. »Ja freili«, sagte er und verstand es durchaus als Kompliment, »wos a schönä Hoofn woä, sicht mä nuch om Scherbn!«

Des worn dä so Kavaliere!

Vor einiger Zeit besuchte ich eine 85jährige Häckersfrau. Sie sollte mir helfen, auf einem Urbaniträger-Foto von 1910 einige Häcker zu identifizieren. Dabei kamen wir auch auf die Sträußla, die auch »Mäschla« hießen, zu sprechen, die sich die jungen Träger an die Brust gesteckt hatten. »Gell«, sagte ich, »die hom sie doch nooch dä Prozession ihra Maadla gebn, do hom Sie bästimmt amol aans gschenkt gricht?« »Ja freili, und net bloß aamol – des woä in die zwanzgä Joä! Obä wos haaßt do gschenkt, miä Maadla hom dena Freggä Geld däfüä gebn gämüßt! Des hom sie füä Bier gäbraucht, daß sie recht neileuchtn gäkönnt hom, nooch dä Prozession. Ja, des worn dä so Kavaliere!«

Mit »Mäschla« schmücken sich die Urbaniträger auch noch heute.

Zu diesem Stichwort konnte ich auch »a Gschichtla« beisteuern: Als der Simon 1890 die Kuni heiratete, mieteten sie im Siechhof eine Wohnung, weil das elterliche Häckerhaus zu klein war. Der Simon hatte seine Junggesellengewohnheiten nicht abgelegt und saß öfter noch spät am Abend im Greifenklau. Einmal wartete die Kuni wieder auf ihn – es dauerte lange, bis sie endlich einschlief. Schließlich machte sich der Simon mit seinen Freunden auf den Heimweg. Gefühlvoll geworden durch das Bier und den schönen Vollmond, der am Himmel stand, hatte einer von ihnen plötzlich die Idee: »Simon, etz singä mä deinä junga Fraa a Ständäla!« Alle waren einverstanden, und so erschallte auf dem Siechhof, nicht unbedingt passend, dafür aber sehr laut und nicht grad melodisch: »Steh' ich in finstrer Mitternacht...« Die Kuni schreckte aus ihrem ersten Schlaf auf, die Kater unterbrachen abrupt ihr Konzert und nahmen schleunigst Reißaus. Die Sänger waren gerade an der Stelle angelangt: »Als ich zur Fahne fortgemüßt, hat sie so herzlich mich geküßt«, da trat ein Schutzmann mit Pickelhaube auf den Plan und beendete das Ständchen jäh. Er kannte kein Pardon und nahm sofort die Personalien auf. Ein paar Tage später traf auf dem Siechhof ein Strafmandat des Magistrats ein: wegen nächtlicher Ruhestörung durch lautes Singen, in Höhe von zwei Mark. Zwei Mark – das war damals ein voller Taglohn oder das Haushaltsgeld für zwei Tage! Und wen ließen die Kavaliere bezahlen? Natürlich die Kuni! »Die hot ja schließlich die Ehr und des Vägnüng vo an Ständäla ghobt!«

»Kavaliersgeigenschaften« dieser Art haben auf dem Kaulberg ein zähes Leben und schlagen anscheinend in jeder Generation irgendwie durch – auch noch in der Mitte der 60er Jahre. Lange vor Beginn der offiziellen deutsch-französischen Städtepartnerschaften hatte ein Kaplan der Oberen Pfarre Verbindungen zu einem Abbé und dessen Jugendgruppe geknüpft. Bald folgte eine Einladung zu einer gemeinsamen Freizeit. Mit einem Bus fuhr die Jugend – Maadla und Bum vom Kaulberg – zur Insel Noirmoutier an der französischen Atlantikküste, um dort mit den jungen Franzosen Segeln zu lernen. Sprachlich gab es zwar einige Verständigungsschwierigkeiten: ein paar Brocken Französisch hier, ein paar Worte Deutsch dort. Aber die jungen Franzosen waren von den Bamberger Mädchen sehr angetan und suchten Kontakte. Zunächst machten sie sich an die Burschen heran: »Was ist in Deutsch schön' süß' Nam' für Mädchen, comme ma belle, mon petit chou ou ma chérie?« Dem Karl und dem Heiner gefiel das gar nicht – obwohl sie sich angeblich gar nichts aus »ihra Maadla« machten. Sie besprachen sich kurz und sagten dann den »Kosenamen« den Bewerbern so oft vor, bis die ihn einigermaßen aussprechen konnten. Die Kaulberger Mädchen wunderten sich dann nicht schlecht, als die Franzosen bald um sie herumstrichen und mit zärtlicher Stimme und gefühlvollem Augenaufschlag ihnen zuflüsterten: »Damischa 'enna, o damischa 'enna!«

SCHOOLN UND HÄUTLA

Heut gibt's einmal zwei ausschweifende Geschichten – obä ihä braucht net gleich o wos Unkeuschs, o Sündn odä goä Orgien zä denk! Das »Ausschweifen« ist örtlich gemeint: Die Geschichten spielen nicht am Kaulberg, sondern anderswo; die erste in einem Städtchen der Fränkischen Schweiz, das allerdings auch einen Kaulberg hat.

Dort wohnte vor 70, 80 Jahren eine Bauernfamilie mit sechs Kindern – über sonstige Reichtümer gibt es nichts zu berichten. An einem Herbstnachmittag hatten sie alle fleißig »draus Feld« gearbeitet: der Vater die Kartoffelstauden herausgehackt, die Mutter und die Kinder die »Örpfl« in Krätzen und Säcke geklaubt. Erst bei Einbruch der Dunkelheit zog die Familie mit dem schwerbeladenen Fuhrwerk heim, die kleinsten Kinder thronten vergnügt ganz oben auf den Säcken. Dann mußten zuerst die Küh versorgt werden, und es war schon spät, als sich alle in der Stube um den Tisch setzen konnten. Die Mutter schüttete »an Hoofn gäkochta Örpfl« in die Mitte der weiß gescheuerten Tischplatte. Mit den Fingern oder einem kleinen Messer wurden die Kartoffeln geschält und nur mit einer Prise Salz gegessen. O je, worn die haaß! Aber mit viel Pusten und Blasen und »Schoggen« (von einer Hand in die andere) ging's dann doch.

Der Hunger war groß und die Schalenhäufchen vor den Plätzen wurden immer höher, bis endlich die Mägen voll waren. Die wohlige Wärme in der Stube und die Müdigkeit vom vielen Bücken taten das Ihre – und so nickten alle acht allmählich am Tisch ein, tiefer und tiefer sanken die Köpfe, bis sie schließlich auf den Kartoffelschalen ein weiches Ruhekissen fanden.

Zur gleichen Zeit kam der Lehrer des Städtchens über das Kopfsteinpflaster auf das Haus zu. Er war auch Organist und brauchte für das nächste »Engelamt« dringend einen Blasbalgtreter: »No, die Haustür wor net zugsperrt und auf mei Klopfn o dä Stumtüä hot sich aa nix gerührt. Do bini einfach nei und hob laut gägrüßt: Gutnohmd! Heilichä – do fohrn alla auf aus ihra Schoolnhäufla und guckn wie die Saufmoggäla! Und mich hätts fast zärissen voä Lachn bei ihäm Ooblick: In ihra Hooä, o Stirn und Nosn, übäroll pappn Kartoffelschooln!«

Zur zweiten Geschichte geht's wieder nach Bamberg, und zwar zu den Gärtnern nach St. Otto. Da waren gerade die Tage der »Ewigen Anbetung«, an denen der Mesner den ganzen

Gärtnerehepaar beim Kartoffelklauben

Tag Dienst hat. Deswegen sagte der Betzn Hans zu seinä Fraa: »Also, Ellis, so um zehna rum, do mußi mi unbädingt a weng stärkn. Do brengst mä a Brotzeit: a Fläschla Bieä, zwaa Weckla und a Gelbwurscht, obä net so dünna Scheibla, wu mä nex schmeckt! Kaaf liebä a Trumm im ganzn!« Die Ellis besorgt alles pünktlich, und der Hans setzt sich an den blitzblanken Sakristeitisch, wickelt das Wurstpapier auf und schneidet mit seinem Taschenmesser dicka Gelbwurschtringäla ob, spießt sie mit der Messerspitzen auf und läßt sichs mit an Brockn Weckla und an Schluck Bieä schmeckn. Ganz vertieft ist er in den Genuß, als sein Blick plötzlich auf die Uhr fällt: »Herrschaft, es is scho widdä Zeit zän Eisammeln!«

Schnell macht er Ordnung, wischt die Brösäla zamm und västecklt die Bieäflaschn. Dann steigt er auf einen Stuhl und läßt durch das Oberlicht die Gelbwurschthäutla hinausflattern. Unter dem hochgelegenen Fenster führt nur ein schmaler Weg durch die Gärten vorbei. »Irchnd a Katz werd sie scho finna, die Häutla«, denkt der Hans und geht schnell mitm Klinglbeutl naus die Kärng.

Mit geübtem Blick registriert er, was jeder hineinwirft, und murmelt jedesmal: »Gälts Gott! Gälts Gott.« Die Betstundenbesucher sind hauptsächlich Gärtnersfrauen und alle feiertäglich angezogen. Jetzt kommt er zu seiner Nachbarin, der Kundl. Die hat den größten Hut aufgesetzt, den sie im Schrank hat, den reinsten Sombrero. Laut und andächtig singt sie ahnungslos: »Was dem Auge sich entzieht, dem Verstande selbst entfliehet...« »Brudä, miä is zägoä des gälts Gott voä Lachn im Hols stäckn gäbliem«, erzählt der Betzn Hans noch heut, »auf ihäm Hutrond liegn, schöö vädaald, mei sämtlichn Gelbwurschthäutla!«

QUECKEN UND ANDERES UNKRAUT

Wenn im Frühjahr auch das Unkraut im Garten zusehends sprießt, muß ich an den Ausspruch des Maurers denken, der vor Jahren an unserer Terrasse arbeitete und meine Klage hörte, daß ich niemals Herr über das Unkraut würde. Der pfiffige Mann – er stotterte arg – gab mir daraufhin nach einigen Anläufen den guten Rat: »M-m-mußt halt dein G-ga-gartn b-be-pe-to-to-niern!«

Das meistgehaßte Unkraut bei den Häckern waren die Quecken. Mit ihren langen unterirdischen Wurzeln, von denen jedes winzige abgerissene Stückchen wieder austreibt, sind sie ja wirklich am zähesten. Das Komische an der folgenden

Geschichte kann wahrscheinlich nur ein Häcker so richtig empfinden: Ein Gymnasialprofessor hatte am Anfang des Jahrhunderts auf dem Kaulberg einen Garten gepachtet und kam immer aus seiner Stadtwohnung herauf, um sich hier zu erholen. Daß ein Garten auch Arbeit und Pflege bedeutet, ließ er außer acht, und so war der seinige nach einiger Zeit total »verqueckt«. Der Nachbar, ein Häcker, schaute oft kopfschüttelnd über den Zaun und vernichtete grimmig die Quecken, die sich auch auf sein Grundstück herüberzogen. Eines Abends beobachtete er den Professor, wie er mit seiner Gattin auf den Gartenwegen lustwandelte. Er bückte sich, zupfte mit spitzen Fingern aus den Hunderten von Exemplaren eine Quecke heraus,

Häckerhaus der Familie Nagengast in der Laurenzistraße

hielt sie dicht unter seine Brille und sprach: »Siehst du, Amalie, das ist ein Agropyrum repens, oder, wie man hier sagt, eine Kewecke!« Den Häcker schüttelte es vor Lachen, und bald lachte man am ganzen Kaulberg darüber. Der Herr Professor wurde weiterhin ehrerbietig gegrüßt, aber insgeheim hieß er nur der »Quecknbälzä« (= einer, der die Quecken veredelt).

Unkraut gibt's aber auch im übertragenen Sinn: Der elfjährige Michl sollte nach dem Mittagessen mit seinem Vater »naus Feld«, um beim Pflügen die Kühe zu führen. Er sträubte sich heftig, weil er »vill zä vill« Hausaufgaben aufhätte. Dann stellte sich auch noch heraus, daß er zusätzlich als Strafarbeit dreimal das Gleichnis vom Unkraut im Weizen abschreiben mußte. »Wos, a Strofaufgob host aa nuch!« rief der Vater aufgebracht und zog zu »aanä Schelln« aus. »Ich hob doch gornix gämacht«, greinte der Michl, »ich hob doch bloß des gsocht, wos du aa ümmä segst!« Der Vater ließ die Hand sinken und forderte den Buben auf, zu erzählen. »No ja, heut hot dä Kaplan in dä Religion gsocht, daß eä etz a Zeitlong nimmä kumma ko, wal eä operiert wern muß. Des wor uns alla rächt orch, wal mä na gärn mööng. Deä däzehlt uns nämlich ümmä so schöna Gschichtn, und a schwers Motorrad fährt eä aa. A Maadla hot zägoä gägrinna, und andärä hom na väsprochn, daß sie für na betn. Ich wollt na halt aa a weng tröstn und hob gsocht: ›Lossn Sie sich deswegn ka grau Hoä wachsn – Unkraut väderbt net!‹ Dä Kaplan hot gälacht, obä unsä Lehrä, der wu grod reikumma is, hot des aa ghöät. ›Unverschämter Kerl‹, hot ä gschrieä, ›das kostet dich eine saftige Strafarbeit!‹ Außädem hot ä gsocht – soll ich miä merkn, daß geistliche Persona ka Unkraut net sän!« »Obä mancha Lehrä scho«, brummt da sein Vater, »und vill zä vill gibts vo dera Sortn!«

HOSTES?

Bamberg hat eine Tradition als Schulstadt, und wohl jede(r) von uns könnte Geschichten aus seiner Schulzeit erzählen, lustige oder auch ernste. Aber irgendwie spiegelt sich in allen die jeweilige Zeit, die Menschen, die in ihr leben, und der Dialekt unserer Stadt.

Weil der Vater vom Willy Amtsrichter in einer kleinen oberfränkischen Stadt war und der Bub doch aufs Gymnasium sollte, mußte er nach Bamberg ins Internat. Damals durften die Zöglinge nur in den Ferien nach Hause fahren, und die Mutter wußte sehr wohl um das Heimweh ihres Sohnes. Auch war das Essen im Heim in der Zeit des Ersten Weltkriegs nicht gerade üppig. So oft die Frau Amtsrichter nach Bamberg fuhr, brachte sie deshalb dem Willy etwas Nahrhaftes mit. Jedesmal ging sie an das Gitter vom Schulhof des Alten Gymnasiums in der Austraße, um ihren Sohn zu treffen. Diesmal übergab sie ihm einen Käsekuchen nach dem berühmten Rezept einer Pfarrersköchin, mit viel Butter und Eiern drin. Die brachten die Bauern mit, die in die Amtsstube ihres Mannes kamen. Zuletzt ermahnte sie den Willy noch: »Obä örscht noch dä Schul essn!«

Im Klassenzimmer stellte er den Kuchen unter die Bank, aber noch vor der Geographiestunde löste er die Verpackung. Aah, verführerisch duftete der Kuchen nach Vanille, goldgelb und flaumig war er. Verstohlen langte der Bub unter die Bank und brach ein Stückchen ab. Es zerging ihm auf der Zunge, während der Professor über die Trockenheit in der Sahara sprach. Des Väsuchäla zog andere nach sich, und der Willy bohrte allmählich richtige Gänge in den Käsebelag. Aber er wurde immer unvorsichtiger, so daß der Lehrer aufmerksam wurde. »Dütsch«, donnerte er und war mit drei Schritten bei ihm: »Was machst du da?« »Nix«, stotterte der Willy. »Ich habe doch gesehen, daß du etwas unter der Bank hast! Heraus damit!« Der käsweiße Willy rührte sich nicht. Mit einem energischen Griff fuhr der Professor unter die Bank – und zog seine Hand mit einem Aufschrei zurück. Sie war bedeckt mit einer klebrigen, gelben Masse. »Was ist das?« rief er entsetzt. »Des is meinä Muttä ihä Keeskung!« Fast war der Professor versucht, sich die Finger abzulecken, aber das ging denn doch nicht. Also schritt er zu dem Waschgestell und säuberte sich die Finger in der Schüssel. Danach examinierte er den Willy nach Strich und Faden über die afrikanischen Wüsten. Das Ergebnis war niederschmetternd: »Das war eine glatte Fünf – auch wenn der Käskuchen deiner Frau Mutter sicher eine Eins verdient!«

Ein andermal schwitzte der Willy Blut und Wasser während einer Lateinschulaufgabe. Noch keinen Satz hatte er bis jetzt richtig übersetzen können, große Lücken klafften auf seinem Blatt. Es ging darum, Sätze vom Deutschen ins Lateinische zu übersetzen, aber die Wörter fielen ihm heute einfach nicht ein, und mit den Endungen kam er auch nicht zurecht. Schon viel zu oft hatte er sich umgedreht und Hans, dem Klassenersten, der hinter ihm saß, flehende Blicke zugeworfen. »Wenn i desmol widdä an Fünfä schreib, falli durch«, raunte der Willy verzweifelt. Der Hans hatte inzwischen spielend alles übersetzt und ließ sich endlich erweichen. Er duckte sich tief hinter den Rücken seines Vordermanns und diktierte ihm die Übersetzung. Es mußte schnell gehen – nur noch fünf Minuten blieben bis zur Abgabe des Blattes. Nach jedem Satz fragte der Hans sicherheitshalber. »Host es?« Gerade, als es läutete, war er beim letzten »host es« angekommen. Nach acht Tagen gab der Herr Professor die Schulaufgabe zurück. »Erstaunlich gut«, sagte er zum Willy, »endlich ist bei dir der Groschen gefallen! Aber kannst du mir sagen, warum du jeden Satz mit »hostes – die Feinde« beendet hast?« Wäre der Professor ein Franke gewesen, wäre bei ihm sofort der Groschen gefallen: Host es?

Auch ich habe als Mutter mit vier Kindern auf dem Gymnasium Geschichten erlebt. Vom Zittern und Bangen bei der Hausarbeit während einer wichtigen Schulaufgabe oder Klausur will ich gar nicht reden, auch die Plage der Hausaufsätze werde ich nur streifen. »Do woäst du selbä schuld«, sagte mein Sohn. »Välleicht host scho domols füä die ›Kaulberger Geschichtn‹ geübt und host jedn Sotz durchghechlt und väbessärt, bis mä na endlich hieschreibn gäderft hot! Ich waaß nuch genau, wie miä in dä siebtn Klass a Nochäzählung vom ›Hochwald‹ vom Stiftä machn gämüßt hobn. Mei Aufsatz woä

1. Klasse am Alten Gymnasium 1937 mit vielen bekannten Bambergern – wer erkennt sie?

dä best und ich hob na dä Klass voälesn müssn. Wie ich oo die Stell kumma bin, ›Clarissa wirkte auf Romuald bestrickend‹, do hot die ganz Klass gälacht und ich wär om liebstn nein Bodn gsunkn. Obä dä Professä hot gsocht: ›Beachtet die treffende Ausdrucksweise!‹«

»Ja, ja, so geht's, wenn man Mädchen im humanistischen Gymnasium Latein lernen läßt«, sagt meine jüngste Tochter ironisch, als ich sie an ihren berühmten Übersetzungsfehler erinnere. »Einem Jungen wäre diese Formulierung gar nicht erst in den Sinn gekommen.« In den ersten Jahren des Lateinunterrichts übersetzten unsere Kinder die Hausaufgaben zunächst auf einen Zettel, erst nachdem ich sie verbessert hatte, übertrugen sie diese ins Heft. Soweit reichte mein bißchen Latein von der Mädchenschule gerade noch. Aber einmal, im Advent, hatte ich bis abends Weihnachtseinkäufe gemacht und die Lateinaufgabe von Anna total vergessen. Erst morgens, kurz vor der Schule, fiel sie mir ein. »Och«, sagte die Anna, »die hob ich desmol gleich neis Heft gämacht, du host doch ka Zeit ghobt!« »Zeich mers trotzdem schnell mol!« Diesmal handelte es sich um eine Übung vom Lateinischen ins Deutsche. Bei einem Satz stutzte ich. Das war doch nicht möglich! Dies da erinnerte mehr an die Memoiren einer Kurtisane als an klassisches Latein! »Wie haaßt denn die Ongob im Übungsbuch?« Da stand: Summa laus est, in viris maximis haberi. (Es ist das höchste Verdienst, unter die größten Männer gezählt zu werden.) Und was hatte unsere Zwölfjährige mit ihren zwei kindlichen Lockenzöpfen übersetzt? »Es ist das höchste Lob, die meisten Männer gehabt zu haben!«

Als ich am nächsten Elternsprechtag dem freundlichen Lateinlehrer von Anna diesen Satz verriet – er war übrigens Junggeselle –, lachte er herzlich und revanchierte sich mit folgender Geschichte: In einer höheren Klasse war ein Satz zu übersetzen, den ich mit meinem bißchen Latein (siehe oben) nicht mehr im Original wiedergeben kann. Die korrekte Übersetzung lautete jedenfalls: »Es wird den (römischen) Jünglingen geraten, nicht vor dem 20. Jahr eine Frau zu nehmen.« Der Schüler Franz aber brachte nach langem Überlegen heraus: »Es wird den Jünglingen geraten, in einem Jahr nicht mehr als 20 Frauen zu nehmen.«

SCHULMASTÄ

Am liebsten würd' ich so anfangen, wie es beim Königlich-Bayerischen Amtsgericht (von Georg Lohmeier) immer wieder hieß: »Eine liebe Zeit, trotz der Vorkommnisse. Menschlich halt!« Aber so menschlich war's nun auch wieder nicht, schon gar nicht in der Schule von damals. So dachte jedenfalls der Max, ein gebürtiger Kaulberger, nach der Instruktion seines alten Ausbildungslehrers, die dieser wiederum von einem erfahrenen Schulmeister in der Zeit, als Bayern noch ein Königreich war, als »goldenen Rat« erhalten hatte: »Das Wichtigste ist, junger Kollege, daß Sie sich Respekt verschaffen, und zwar vom ersten Tag an. Sie betreten das Klaßzimmer, lassen zwei Buben heraustreten, legen sie über und verabreichen ihnen eine kräftige Tracht Prügel. Dann sagen Sie zu der Klasse: ›Schaut, die zwei haben nichts angestellt und haben doch solche Hiebe gekriegt! Wie wird es euch erst ergehen, wenn ihr etwas auf dem Kerbholz habt?‹ Sie werden sehen, ein unfehlbares Rezept!«

Also daran wollte sich der Max bestimmt nicht halten, als er – kurz nach der Währungsreform und gleich nach seinem Praktikum an der Kaulbergschule – aufs Land versetzt wurde. In einer zweiklassigen Dorfschule bekam er die Unterklassen, während der Hauptlehrer die Oberstufe unterrichtete. Sein

Schulzimmer war klein und muffig und die Tür so niedrig, daß er den Kopf einziehen mußte, um nicht anzuhutzen. Drinnen standen Dreierbänke, und die Buben und Mädchen saßen so nah an der Wand, daß sich ihre Schattenrisse dunkel von der ehemals hellgrünen Wand abhoben.

Sehr autoritär war Max offensichtlich nicht, denn gleich am zweiten Schultag stand ein Erstkläßler auf, huckelte energisch seinen Schulsack auf und ging zur Tür: »Lehrä, ich geh ham, miä langts füä heut!« Als er einige Wochen später für den nächsten Tag ein kleines Diktat ankündigte, erklärte der Alis sofort in schöner Offenheit: »Lehrä, morng kumm i net!« »Und warum nicht?« »Ich glaab, morng bin i kronk!«

Trotz aller Bemühungen des jungen Lehrers duzte ihn der Alis auch im zweiten Schuljahr immer noch. So mußte er endlich als Strafaufgabe schreiben: »Ich soll zu meinem Lehrer nicht du sagen.« Am nächsten Morgen war der Lehrer ganz erstaunt, daß der Bub aus lauter gutem Willen statt der verlangten halben Schiefertafel die ganze vollgeschrieben hatte. »Ja schau, wie tüchtig«, lobte der Lehrer, »das hab ich auch noch nicht erlebt, die Strafarbeit gleich doppelt!« Da strahlte der Alis übers ganze Gesicht und sagte treuherzig und stolz zugleich: »Gäll, do glotzt!«

In der Pause tobten die Kinder immer wieder wild durcheinander. Da passierte es dem Reesä, als er mit gesenktem Kopf wie a klaanä Stier daherstürmte, daß er den Herrn Hauptlehrer mit voller Wucht rammte, und zwar da, wo eigentlich die Magengrube sein sollte, bei ihm sich aber ein stattlicher Bauch vorwölbte. Ganz erstaunt gab er seiner Entdeckung Ausdruck: »Des woä su waach! Des woä su waach!«, mußte aber sogleich eine Ohrfeige hinnehmen, die alles andere als »waach« war.

Als der Hauptlehrer einmal krank war, mußte der »junge Spund« auch in der Oberstufe aushelfen. In der Deutsch-

Klasse vor der alten Schule in Scheßlitz 1949

stunde war Johann Peter Hebels Geschichte vom »Kannitverstan« vorgesehen. Max holte weit aus und erzählte vom »Schatzkästlein des Rheinischen Hausfreundes«, um die Kinder auch noch zum Lesen der anderen Geschichten zu animieren. »Hei, deä Hausfreund is a Buch«, wunderte sich die Anni laut, »ich hob immä gädocht, des is deä Moo, wu immä zu dä Muttä zä Bäsuch kummt!«

Nach einigen Monaten sollte der Schulrat aus Bamberg zur Beurteilung des Junglehrers kommen. Es gab kein genaues Datum, nur die Woche stand fest. Jeden Morgen warteten zwei Späher hinter den Büschen, und als endlich der VW Käfer des Schulrats auftauchte, stürzten sie ins Klassenzimmer: »Eä kummt, eä kummt!« Das Unterrichtsgespräch war nach anfänglichem Zögern der Kinder gut, und der Schulrat hätte sich am liebsten auch beteiligt. Aber gegen Ende der letzten Stunde zog er dann doch die Nase hinauf und schnüffelte hörbar: Die Luft in dem kleinen Raum war dick und sehr schlecht. Der Lehrer wußte, daß der Schulrat, wie er, ein gebürtiger Bamberger war, und wagte deshalb die witzige Anspielung: »Obä des müssn Sie scho västeh, Hä Schulrot, wenn dreißig so klaana Gashähnla tropfn!« Da drohte der Schulrat mit dem Finger und entgegnete fachmännisch: »Ich maan halt, dä Haupthohnä is aa net ganz dicht!«

Die Nanni und ihr (Sch)orsch

»Frägst du, geliebter Leser, in Bamberg ein hübsches Kind: ›Wie heißen Sie, mein süßer Engel?‹ so wird die Holde verschämt die Augen niederschlagen, an der schwarzseidenen Schürze zupfen und, etwas errötend, freundlich lispeln: ›I nun, Nanni, Ihr Gnoden.‹« Wie zur Zeit E.T.A. Hoffmanns, von dem diese Zeilen stammen, so scheint auch gegen Ende des vorigen Jahrhunderts dieser Vorname in Bamberg noch sehr beliebt gewesen zu sein. Und wie bei ihm war die Häckerstochter Nanni ein »hübsches Kind«, nicht allzu groß und eher füllig als schlank.

Sie lebte mit ihrer verwitweten Mutter in einem einstöckigen Haus am Oberen Kaulberg. Nachdem sie sicher war, daß ihr Bräutigam, der Hausknecht bei einem reichen Hopfenhändler war, dort noch eine andere »Braut« hatte, gab sie ihm empört den Laufpaß. Sie verwand diese Enttäuschung nicht so schnell, und auch auf dem Kaulberg wurde eine abgebrochene Beziehung nicht leicht vergessen. So fand sich, trotz ihres guten Aussehens, kein Bewerber mehr.

Etwa um 1910 – die Nanni war inzwischen Mitte Dreißig – starb einem angesehenen Musiker die Frau. Er wohnte mit seinen zwei kleinen Söhnen, die dringend wieder eine Mutter brauchten, in einem schmalen Häuschen an der Regnitz. Eines Tages sagte sein kleiner Sohn, der in die 1. Klasse ging, zum Lehrer: »Morng kumm i fei net!« »So, und warum kommst du nicht, Fritz?« »Wal mä morng heiän!« war die Antwort. »Ach, und wen heiratet ihr denn?« »No, die Nanni!« So wurde sie die zweite Frau des Musikers, der nicht nur bei der Fronleichnamsprozession die Trompete blies, sondern auch bei Bällen von Studentenverbindungen und »besseren« Vereinen Klavier oder Geige spielte, Musikunterricht gab und später mit den heranwachsenden Söhnen sogar eigene Konzerte.

Eine Unart hatte der Musiker Schorsch aber doch: So sehr er sich bei seinen hochgestellten Kunden um eine höfliche

Onkel Schorsch mit seiner Blaskapelle (1. Reihe, dritter von rechts)

und gewählte Ausdrucksweise bemühte, so schnell war er sonst mit dem »Götz von Berlichingen« bei der Hand – er war gewissermaßen sei zweita Red: »Och, deä soll mich doch kreuzweis om ...« oder noch direkter: »Leck mich doch om ...!« Es ist kaum anzunehmen, daß er das aus Bewunderung für Wolfgang Amadeus Mozart tat, der ja eine ähnliche »Neigung« hatte. Bald ließen deshalb seine angeheirateten Verwandten vom Kaulberg, wenn sie von ihm sprachen, den ersten Laut, das Sch seines Vornamens einfach weg.

Der (Sch)orsch liebte gutes Essen sehr, vor allem kleine Mahlzeiten nach Art eines Gabelfrühstücks. Die Nanni hatte zwischen den Musikstunden immer eine Spezialität für ihn parat: a Gänsläbern, a gäbackns Hirn, saura Kalbsnierla oder was sie sonst ergattert hatte. Wenn dann ihr Kachelherd nicht zog und sie wie wild im Schürloch herumfuhrwerkte, passierte es häufig, daß sie mit ein paar schwarzen Schmierern im Gesicht herumlief. Kam dann ihr Bruder, der Häcker Simon, vorbei, so lautete seine »liebevolle« Begrüßung: »No, wie hommäs denn, oldä Rußpöppl?« Dabei war sie, wenn sie zum Einkaufen auf den Markt ging, mit fest geschnürter Taille, Stiefeletten und einem feschen Hut, eine saubere, stramme Bambergerin, vor der viele Herren den Hut zogen. Und auch der (Sch)orsch lief vor wichtigen Auftritten den ganzen Tag mit einer Bartbinde im Haus herum, damit am Abend der »Schnorrn« passend zu seinem Bürstenhaarschnitt steil nach oben stand, à la Kaiser Wilhelm. Das fanden seine Kaulberger Nichten sehr komisch, und sie lachten darüber – aber nur heimlich.

Ihren (Sch)orsch überlebte die Nanni um viele Jahre. Als sie um die Achtzig war, wurde sie ernsthaft krank und ließ den Doktor rufen. Obwohl Sohn und Schwiegertochter mehrmals telefonierten, kam und kam er nicht. Sie wartete voll Hoffnung einen ganzen Tag. Doch irgendwann in der Nacht wurde ihr wohl bewußt, daß der Tod bevorstand. Am Morgen verlangte sie nach dem Priester zur Beichte, Wegzehrung und letzter Ölung. Am Nachmittag kam endlich doch noch der Arzt. Als ihn die Schwiegertochter ankündigte, sagte die Nanni mühsam: »Etz konn eä mich aa om Orsch leckn!«, drehte sich zur Wand, sagte kein Wort mehr und starb noch am selben Tag.

WIRKLICH GSCHTORM?

Mä sollts net glaabn – aber auch in unserer Familie gab und gibt es »Ottonen«. Sie kommen zwar nicht aus dem sächsischen Herrscherhaus der Ludolfinger und haben auch nicht Geschichte gemacht, doch »Gschichten« lassen sich von ihnen schon erzählen. Zwei sind mir jetzt, im Allerseelenmonat November, wieder in den Sinn gekommen – es handelt sich aber nur bedingt um ein »frommes Gedenken«.

Der erste Otto, der auch »der Schöne« hieß, hatte die jüngste, hübsche Tochter des Häckers Simon geheiratet, die Marri, die mehr als ihre Schwestern ein sanftes, stilles Wesen hatte und trotzdem Sinn für Humor und komische Situationen. Ihr Ehemann war ein Ordnungshüter, sprich Potz(g)ä, und als solcher für eine strenge Tageseinteilung. Auch zu Hause mußte alles »wie am Schnürla« gehen; der abgewinkelte Arm und der Blick auf die Armbanduhr waren typische Bewegungen für ihn.

Seine Dienstzeit hatte der gebürtige Bamberger in Unterfranken verbracht, do, wu der Maa Mee haßt. Den dortigen Dialekt hatte er nach seiner frühzeitigen Pensionierung und seiner Rückkehr nach Bamberg nicht ganz abgelegt. »Die Füß abputze!« war das erste, was Besucher an der Tür von ihm hörten. Hatte es gar geregnet, mußte Otto sofort »nach dem

Lumpe renne«. Er beklagte sich über den Staub, den man ständig wischen müßte, und kontrollierte nach »Spießmanier« sogar die Sprungfedern der Matratzen. Pünktlichst wurden auch die Mahlzeiten eingenommen. Und obwohl sie im Laden ihrer Schwester mithalf, stellte die Marri jeden Mittag genau um zwölf das Essen auf den Tisch.

Der Streitpunkt zwischen den beiden war der Abend: Der Otto ging nämlich jeden Nachmittag um vier in eine Kaulberger Wirtschaft zum Brotzeitmachen. Pünktlich um »fünfe« war er daheim – und erwartete dies auch von seiner Frau. Doch wenn um diese Zeit der Laden voller Leute war, brachte es die Marri nicht übers Herz, ihre Schwester mit der Kundschaft allein zu lassen. Sie war schon fast daran gewöhnt, daß der Otto auf die kleinste Verspätung beleidigt reagierte: »Ich tu mich abhetze, daß ich pünktlich dähem bin«, war die ständige Red des überbeanspruchten Pensionisten, »und du kommst immer zu spät!«

Nach dem Willen des detailverliebten Bräutigams: Hochzeit am 25. 5. 1925!

Als es eines Abends schon nach halb sechs war, wurde seine Erbitterung immer größer: »Ich könnt sterbe und verderbe – des is ihr alles gleich! Obä wenn ich wirklich gschtorm wär, donn tät sies scho bereue, daß sie mich immer so warte läßt!« Im Laden sagte derweil die Marri: »Jössäs, es geht scho auf sechsa – do weri heut mein Krach grieng!« Sie war schon darauf gefaßt, aber die Wohnung war still und dunkel. »Otto?!« Sie öffnete die Schlafzimmertür, und es bot sich ihr ein seltsames Bild: Auf dem Nachttisch flackerten zwei Kerzen, dazwischen stand das Sterbkreuz und davor ein Schälchen mit Weihwasser. Wie aufgebahrt lag der Otto in seinem Bett, im weißen Hemd, mit geschlossenen Augen und gefalteten Händen, um die ein Rosenkranz gewickelt war. Obwohl seine Lider nicht zuckten, durchschaute die Marri seine Inszenierung sofort – und brach in schallendes Gelächter aus: »Gäll, du willst a weng sterbn spieln? Des hostä obä schöö ausgädocht!« Tödlich beleidigt sprang der Otto aus dem Bett, fuhr in seine Kleider und stürmte ins Wirtshaus, obwohl das um diese Zeit doch überhaupt nicht auf seiner Tagesordnung stand.

Sein Patenkind, der zweite Otto, war aus ganz anderem Holz. Er hatte einen Blick für das Komische und traf oft mit seinen witzigen Bemerkungen den Nagel auf den Kopf. Deshalb war er überall gern gesehen. So auch beim großen Leichenschmaus, den ein Erbonkel in seinem mit Bleistift geschriebenen Testament gewünscht hatte. Gleich zweimal, am Anfang und am Schluß, hatte er diesen Letzten Willen festgehalten. Trotz der vielen Schreibfehler war das Testament gültig, was der eine Teil der Verwandtschaft, der leer ausgegangen war, sehr bedauerte: »Alläs gricht sei Väwandtä, wu doch des Haus und des meista Geld vo dä Tant kummt, also vo unsrä Seitn!« Trotzdem saßen nun nach der Beerdigung alle Verwandten einträchtig im Greifenklau, zuerst bei Kaffee und Kuchen, dann noch beim Abendessen. »Höäscht«, sagte der Otto zum

Alleinerben, »wennst fei in die Schränk so a poä Bildla findst« – er spielte auf versteckte Geldscheine an –, »donn konnst uns fei awos dävoo gebn!« »No freili«, antwortete der und spielte den Ahnungslosen, »so Fotozeuch is gänuch do, des könntä hom!« Allmählich wurde es, wie häufig bei Leichenschmäusen, immer lauter und lustiger, vor allem, als umwerfende Aussprüche des Verstorbenen und komische Geschichten von ihm erzählt wurden. Es war fast so, als ob er noch da wäre – und bestimmt hätte er mitgelacht. Auf aamol kummt dem Otto a Einfoll. »Gunda, nuch a Knöchla mit Kraut und Ärbsn und nuch a Bieä«, schreiä, »wenn mä scho nex gäärbt hom, donn eßi wenigstns a zweits Mol zä Ohmd!«

Geizkroong, Hühnämoong

Neulich traf ich einen Bekannten, den ich lange nicht gesehen hatte, und natürlich kamen wir auf alte Zeiten und Begebenheiten in unserem ehemaligen Wohnviertel zwischen Kaulberg und Domberg zu sprechen. »Also Zeuch gibts, des gibts goä net«, sagte er. »Des wärn Sie sichä aa soong, wenn Sie die Gschicht vo meinä Schwiechä ghöät hom. Wos hot sie denn om End vo ihäm Geiz ghobt? Sporsamkeit hot mä des scho nimmä nenna könna! Des olda Spottversla vom ›Geizkroong, Hühnämoong‹ des hot auf ihä gänau gäpäßt!«

Es fing schon an, als die Doreth noch jünger war. Einige Jahre nach der Währungsreform mußte sie wohl oder übel in den sauern Apfel beißen und die alten, liedschäftigen Holzaborte durch neue Spülklosetts ersetzen lassen. Zwei Fläschner arbeiteten über eine Woche in ihrem Haus: A Bieä zuä Brotzeit zä spendiern, des weä für die Doreth die reinst Sünd gäwesn, net amol an Tee odä a Wassä hot sie heägebn. Als die zwei mit ihrer Arbeit fertig waren, meldeten sie sich ab: »Also, donn hätt mers«, sagte der ältere Geselle zur Hausbesitzerin. Er wußte, daß sie durchaus eine vermögende Frau war, und hoffte auf ein entsprechendes Trinkgeld. »Is rächt«, war die einzige Antwort. Als sich die Handwerker schon enttäuscht durch den Vorgarten entfernten, rief die Doreth sie noch einmal zurück: »Halt, kummt nuch amol heä, ich hob wos vägessn!« Sie hörten Schubladen auf- und zuziehen: »Aha, sie sucht ihän Geldbeutl!« Doch sie drückte jedem ein Päckchen in die Hand: »Dank schöö, und loßts euch schmeckn!« Das »Trinkgeld« bestand aus eckigen weißen Lebkuchen, sicher noch von Weihnachten übrig, aber jetzt, im August, trocken und steinhart. Die Mienen der Männer sagten alles, und als sie die Gartentür ins Schloß geworfen hatten, nahm der eine seinen Hammer aus der Werkzeugkiste. Mit wuchtigen Schlägen nagelte er die Lebkuchen, einen schön neben dem anderen, an die hölzerne Gartentür, und der andere tat das gleiche. »So, deä Ofong zum Knuspähäusla vo dä Hex is gämacht!« Dann gingen sie, vergnügt pfeifend, davon.

Aber dieser Denkzettel hat bei der Doreth auch nichts mehr genützt. Mit zunehmendem Alter wurde ihr Geiz schlimmer. In ihrer Speisekammer standen in Regalen vom Boden bis zur Decke mehr als 100 Obst- und Gemüsekonserven, viele schon verfallen. Die hatte sie alle im Lauf der Zeit zusammengetragen. Es könnte ja eine schlimme Hungersnot kommen! Das war dann die eiserne Ration, die nicht angerührt werden durfte. In einem Winkel standen sogar ein paar Care-Pakete, die nach mehr als 15 Jahren noch nicht einmal ausgepackt waren. Dazu sagte der Schwiegersohn augenzwinkernd: »Ja, des amerganischa Zeuch woä unsrä Oma doch net so rächt geheuä! Välleicht hot sie gädocht, des geht wie in dem Witz aus dä hungrichstn Nochkriegszeit 46/47.«

Den haben hauptsächlich Leute erzählt, die keine Sendungen aus Amerika zu erwarten hatten und Kartoffeln zum Frühstück essen mußten: Also, eine Bamberger Familie bekam von ihren amerikanischen Verwandten Care-Pakete mit Kaffee, Tee, Milch, Eiscreme, alles in feinster Pulverform, sogar die Eier, was für sie ganz ungewohnt war. Eines Tages war auch eine Dose mit feinem, grau-weißem Pulver dabei, aber ohne die übliche Gebrauchsanweisung in Englisch. Man rätselte hin und her, was es sein sollte, bis schließlich das Familienoberhaupt entschied: »Des is bästimmt a Suppnpulvä odä a Würz – om bestn, ihä prowieäts gleich amol aus!« Zwei Tage

Ob die Doreth auch so ein schöner Engel geworden ist wie der vom Hochaltar der Oberen Pfarre?

zu spät kam dann der begleitende Brief: »Damit sie ihrem letzten Wunsch entsprechend im Bamberger Familiengrab beigesetzt werden kann, schicken wir mit gleicher Post die Asche der Großtante.«

Schließlich wurde auch die Doreth bettlägerig, und ihre Tochter, die im Haus wohnte, pflegte sie. Jedesmal gab es einen Kampf, wenn sie die Bettwäsche wechseln wollte. »Nix doo, des brauchts nuch long net, wu doch des Waschpulvä so teuä ist!« Hatte sich die Tochter wirklich einmal durchgesetzt, schärfte ihr die Mutter wieder ein, nur die älteste, geflickte Bettwäsche zu nehmen. »Mä muß sich ja vorm Dr. Götz schämä!« jammerte dann die Junge. Wenn sie aber zu lange brauchte, um im Wäscheschrank etwas einigermaßen Passendes zu finden, zeterte die Doreth gar: »Wos stüürst denn so long in mein Zeuch rum! Do is fei ka Geld västecklt und die gut Wäsch is gäzehlt!«

Das waren ihre Tage auch. Als die Männer vom Beerdigungsinstitut mit dem Sarg in den oberen Stock sollten, zeigte es sich, daß die Treppe zu eng, zu sparsam gebaut war. Aber die Leute wußten sich zu helfen: Sie stellten den Sarg im Erdgeschoß ab und faßten das Bettuch an den Zipfeln, um die Leiche so hinunterzutragen. Als sie gerade die Kehre hinter sich hatten, riß – ratsch – das »mörba« Bettuch mitten auseinander, und die Doreth rumpelte die Treppe hinunter.

»Sixtäs, des host etz dävoo, hobi domols gädocht«, sagt der Schwiegersohn jetzt zu mir. »Sie wern mäs net übl nehma, daß i däbei a weng grinsen gämüßt hob! Om bestn, miä haltns mitm oldn, spöttischn Bamberchä Soochärä: Bästimmt is sie etz a schönä Engl im Himmel!«

SÜNDENZETTEL

»Sooch amol, Anna, schreibt ihä eichntlich aa nuch an Sündnzettl?« fragte ich meine Enkelin, die mir erzählt, daß sie bald zur ersten Beichte gehen wird. »Sündenzettel, was ist das, Oma? Kriegt man das nach der Beichte geschenkt, und ist da ein Bild drauf?« »Na naa, du maanst a Beichtbildla, und ich red vo an Zettl, wu mä voä dä örschtn Beicht sei Sündn draufschräbt!« »Ja«, sagt ihre Mutter, »das ist alles ein bißchen leichter geworden: Die Kinder müssen keinen Sündenzettel mehr schreiben und brauchen auch nicht in den Beichtstuhl – sie haben jetzt ein Beichtgespräch.«

Wie anders war das früher! Der Paula ging Anfang der zwanziger Jahre zur ersten Beichte. Erleichtert und mit guten Vorsätzen reichlich ausgestattet, verließ er danach die Obere Pfarre. Als er schon halb daheim war, fiel ihm ein, daß er den Auftrag hatte, vom »Muttergottesbeck« an Laab Brot mitzubringen. Er kehrte also brav um und suchte in seinen Hosentaschen nach dem mitgegebenen Geld. Dabei merkte er, daß er seinen Sündenzettel verloren hatte. Er unterdrückte einen Fluch und beruhigte sich mühsam: »Is doch wurscht – wal ja doch alläs vägebn und vägessn is!« Aus dem Bäckerladen schlägt ihm Gelächter entgegen. Da stehen zwei Frauen, von denen die eine seinen Sündenzettel in der Hand hat und laut vorliest: »Ich habe 20 mal anderen Schimpfnamen gegeben – ich habe 10 mal andere mißhandelt (= meine Schwester an den Zöpfen gerissen) – ich habe ...« Als sie den Paula sieht, bricht sie ab und gibt ihm den Zettel: »Ich glaab, du host do wos välorn!« Feuerrot nimmt er ihn und faßt den festen Vorsatz: »Nie mehr an Sündnzettl! Wenns obä doch sei müßt, mein Noma schreib i bästimmt nimmä drauf!«

Ein richtiger Schlaumeier war dagegen der Erwin: Als sein Klassenkamerad ihm vor der Beichte über die Schulter schaute,

Heiner, der brave Bub, der wie ein Engel aussieht ...

merkte er, daß der Erwin gar keinen Sündenzettel geschrieben hatte. Er hatte den Beichtspiegel im Gebetbuch aufgeschlagen und vor jede Sünde eine Zahl geschrieben. Da stand also: 25 x, 3 x, 8 x ... Der Nachbar flüsterte: »Des ist ja scho ganz praktisch – obä radierst du des nooh jedm Beichtn widdä wech und schräbst äs nächsta Mol neua Zohln noo?« War's Bequemlichkeit oder weise Selbsteinschätzung? Jedenfalls antwortete der Erwin: »Ka Schpuä – des bläbt ein für allamol steh und werd immä widdä so väwendt!«

Auch in meiner Kindheit war der Sündenzettel eine wichtige Sache. Der gute Pfarrer Lunz hatte uns ja ausführlich erklärt, daß der ganze Sündenzettel nichts nütze, wenn die aufrichtige Reue fehle. »Die Heiligen haben sogar über ihre kleinsten Fehler geweint«, sagte er, »aber das konnten wahrscheinlich nur sie.« Mein Sündenzettel wanderte von einem Versteck ins andere, weil ich wußte, daß mein Bruder hinter ihm her war. Schließlich lag er – als

Spickzettel für alle Fälle – in meinem Gebetbuch. Ich stand mit meinen Klassenkameradinnen wartend vor dem Beichtstuhl im Chor der Oberen Pfarre. Das Herz rutschte mir vor Angst fast in die Trainingshosen (die waren im 2. Weltkrieg die Standardkleidung für Mädchen und für Buben). Plötzlich ertönte aus dem Beichtstuhl lautes, verzweifeltes Weinen. »Au wauäla, die muß wos oogstellt hom«, wisperte es neben mir. Man hörte die beschwichtigende Stimme des Pfarrers. Nun schob er die schweren lila Vorhänge zurück und winkte mich heran. »Rettl, kümmere dich ein wenig um die Gundi«, sagte er, »und zeig ihr, welche Gebete sie jetzt sprechen soll. Sie ist ganz durcheinander.«

Ich führte die Schluchzende zu einer Bank und schlug ihr das Gebetbuch auf. Allmählich beruhigte sie sich. Ich kam aus dem Staunen nicht heraus. Die ängstliche Gundi – eine Heilige? Wer hätte das gedacht? Sie hatte bestimmt nur kleine Sünden und konnte so darüber weinen! Forschend schaute ich sie an, ob nicht vielleicht ein winziger Heiligenschein um ihre Stirn zu sehen sei.

Als sie ihre »Buße« gebetet hatte, begleitete ich sie zur Kirchentür. Jetzt konnte ich es nicht mehr aushalten – ich mußte dem Geheimnis ihrer Heiligkeit auf die Spur kommen. »Gundi, wie isn des kumma, daßd goä so orch greina gäkönnt host?« »Och no ja«, sagte sie und schluchzte noch einmal auf, »in dem Beichtstuhl drinna wors so dunkl, und ich hob mei Sündn net lesn gäkönnt und auswendich hob i sie doch net gäwißt!«

Äs Heinäla kam in den fünfziger Jahren ganz vergnügt aus der Schule und erzählte seiner Mutter, daß sie heut »in dä Relichion« ihre Sündenzettel für die erste Beichte schreiben sollten. »Mancha Kinnä hom ganz long nix gschriebn, wal sie nix gäwißt hom, und dä Geistlich Rot woä scho fast ärgälich. No, mit miä werd ä zäfriedn sei, ich hob an ganz schöna Haufn zammgäbrocht – und die meistn Sünden im 6. Gäbot!«

Seine Mutter erstarrt innerlich: Ihr braver Bub, der wie ein Engel aussieht! Sie verbirgt ihren Schreck und versucht, so ganz nebenbei und gleichmütig zu fragen: »No, und wos host denn do so aufgschriebn?« »Alläs, wos im Kinnäbeichtspiegl steht: Ich habe oft Unkeusches gesagt, ich habe manchmal Unkeusches angeschaut und oft Unkeusches getan!« Der Mutter wird es heiß und kalt: »Und wos host Unkeusches gsocht und wos host oogschaut?!« Freimütig gibt der Heiner Auskunft über seine schweren Sünden: »Waßt, wenn mei Bonknochbä mich ärchärt – und des is fast jedn Dooch –, donn sooch i immä ›du Orschkipf‹ zu na! Und manchmol gehn miä noch dä Schul nei die Untä Seelgass und probieän, wer om weitstn pinkln koo; do mußt fei schorf nooguckn, daß kannä bäscheißt!« »Und wos host Unkeusches getan?« »Wenns in dä Schulstund zä longweilich wärd, donn mooln miä immä auf Zettl so klaana Männla, wu hintn lautä Pfötzla rauskumma – und do schreibn miä donn druntä: Raketnscheißä!«

Der schönste Tag

In den Wochen vor dem Weißen Sonntag, in denen ich mich bemühte, besonders brav zu sein und »Öpferla« zu bringen, sagte meine Mutter einmal mit gerührter und erinnerungsschwerer Stimme: »Der Weiße Sonntag ist der schönste Tag in deinem Leben!« »Nein«, antwortete ich, wohl weil mir das so endgültig und das Danach irgendwie traurig vorkam. Die Mutter fiel aus allen Wolken: »Was? Und warum nicht?« »Ich denke, daß mein Hochzeitstag noch schöner wird«, antwortete ich, »da kann ich nämlich zur Kommunion gehen und meinen Mann heiraten!« Die Mutter schüttelte bekümmert den

Kopf, wußte aber auch kein Gegenargument. So einfach war das doch nicht mit ihrer Tochter!

Einfach waren 1941, im zweiten Kriegsjahr, auch die äußeren Vorbereitungen auf den großen Tag nicht. Man wußte freilich nicht, daß es in den folgenden Jahren noch viel schlimmer kommen würde. Aber gerade, weil es so schwer war und viel Zeit und Anstrengung kostete, die einfachsten Dinge zu organisieren, nahm das Äußere einen breiteren Raum ein, als ihm eigentlich zukam: Und darum geht es hauptsächlich in dieser Geschichte. Aber ist dies alles nicht gleichzeitig Stütze der Erinnerung für das Eigentliche?

Das fing schon beim weißen Kleid fürs Bräutla an. Für einen einigermaßen guten Stoff brauchte man Beziehungen. Die hatte glücklicherweise meine Patin. Die Schneiderin hatte Hochbetrieb, also galt es, rechtzeitig vorzusprechen, denn fertige Kommunionkleider gab es damals nicht. Anders bei den Anzügen für die Buben, die man mit Punkten der Kleiderkarte von der Stange kaufen konnte. In der Form und der dunkelblauen Farbe waren alle gleich. Abweichungen waren nicht geraten, wal mä sunst ausgämacht worn weä! Die Hosen waren kurz, das heißt, sie gingen bis zum Knie, dazu schwarze Strümpfe mit Strapsen (!) befestigt an den meist dünnen Beinen. Weiße Handschuhe in der Kirche waren auch Pflicht für den »Bräutigam« (so hieß das früher in Bamberg). Dazu kam, entsprechend dem Kränzla für das Bräutla, die nicht unbedingt kleidsame Kommunikantenmütze.

Damit ein anständiges Festmahl auf den Tisch gebracht werden konnte, wurden bei uns schon ab Weihnachten Fleisch- und Fettmarken gespart. Zuteilungen von Eiern waren sehr spärlich, so daß man sie sich auf dem Tauschweg vom Land beschaffen mußte – für meinen Vater bedeutete das handgemachte Eimer, Butten und »Struutzschöpfen« für Bauern, die er kannte. So kam er sogar zu einem »Gaasla«, das es gebacken als Hauptgericht am Weißen Sonntag gab. Der wurde 1941 allerdings von den Bamberger Pfarrern auf den Ostermontag vorverlegt, weil er in diesem Jahr exakt auf den 20. April, also auf Hitlers Geburtstag, gefallen wäre. Ein nächtlicher Fliegeralarm, mit dem man durchaus rechnete, hätte für den Sonntag eine Gottesdienstsperre bis nach 10 Uhr bedeutet – unmöglich für die Kinder bei dem geltenden Nüchternheitsgebot!

Also war diesmal schon am Karsamstag Beichte für die Erstkommunikanten. Alle nahmen sich vor, bis zum Montag keine Sünde mehr zu »machen«. Sogar die Buben eilten gleich heim zum samstäglichen Bad. An den Straßenrändern lagen

Keine einfache Zeit für die Kommunionvorbereitungen: »Bräutigam« und »Bräutla« anno 1941

noch Reste schmutziger Schneehaufen des kalten und schneereichen Winters. »Och Gott, die arma Kinnäla«, jammerte eine mitleidige alte Frau, »wie wern die morng friern!« Auf seinem Heimweg bleckte dem Rudi ein kleiner, frecher Läusä die Zunge und rief ihm unflätige Schimpfnamen wie Mäusgroobä oder Dreegmoggl nach. Schon wollte der sich auf ihn stürzen, aber er besann sich gerade noch rechtzeitig: »Do host ja Glück, daß ich etzät im Stond ›der Gnade‹ bin! Obä wart nä, ich kumm scho widdä raus, donn kriegst dei Flei!«

Weil niemand einen Kühlschrank besaß, konnte man auch alle Einkäufe erst am Karsamstag erledigen. Meine Mutter wußte, daß ihre Tochter sehr gerne Streuselkuchen aß. Deswegen schickte sie mich zum Beck Hoh, um ein großes Kuchenblech zu leihen (der fertige Kuchen kostete 20 Pfennig Backgeld!). Darauf machte sie einen wunderbaren Hefeteig, dicht mit gleichmäßigen Butter-Zimt-Streuseln bedeckt. Am Abend, als sie in jeder Beziehung fertig war, fiel ihr »siedhaaß« ein, daß sie den Kuchen noch nicht geholt hatte. Aber in der Backstube war er nirgends zu sehen. »Halt, do is ja nuch aanä«, sagte der Meister. »Wos, deä dick Backes, wu a Streusäla des andra sucht, des is mei Kuung net!« rief die Mutter empört und verzweifelt zugleich. »Wu ich so long die Buttärn däfüä gschpoort hob!« »Ja, donn hot na a andersch mitgänumma«, entgegnete der Bäcker, »o so an Dooch konni doch net auf alläs aufpassn!« Das sah die Mutter zwar ein, aber sie bat ihn dringend, sich zu besinnen, wer denn noch einen Streuselkuchen gebracht hätte. Nach einigem Überlegen kam er auf eine Adresse ganz in unserer Nähe. Widerstrebend nahm die Mutter den fremden Kuchen und ging in der Dämmerung zu dem genannten Häuschen. Als sie durch das Fenster in die Küche spähte, sah sie gerade die Familie um den Tisch sitzen, auf dem ein Blech lag: ihr Streuselkuchen! Alle kauten mit vollen Backen, und die Mutter fühlte einen gerechten Zorn in sich aufsteigen. Sie stürzte hinein und rief: »Wos fällt euch ei, mein Streuslkuung zä nehma!« Die Frau erschrak und stotterte, daß sie gedacht hätte, es sei ihrer. »Was«, schrie die Mutter und warf das Blech auf den Tisch: »des do is Ihrä, den Untäschied sicht doch a Blindä!« »Ja, obä etz hommä doch scho dävoo gessn, wolln Sie net doch den ganzn nehma?« fragte die Frau kleinlaut. »Des tät euch so passn«, sagte meine Mutter schneidend, nahm ihren Kuchen, von dem eine große Ecke fehlte, und rauschte hinaus.

Daheim stellte sie erschöpft und trotzdem erleichtert den geretteten Kuchen auf den Tisch: »Och Gottla, hob ich mich etz aufgärecht und fast väsündicht! Obä wengsdns hommä unsän Streuslkuung widdä. Etz ko deä schönst Dooch oofanga!«

ANTON, FAHR FEIERLICH!

Heute, am 30. September, dem Namenstag des Bischofs Otto von Bamberg, ist die Gelegenheit, an Bischof Joseph Kolb (1881 bis 1955) zu erinnern, hat er doch, um seiner Verehrung für den Heiligen Ausdruck zu geben, sich als Erzbischof eigens Joseph Otto genannt. Die großen Verdienste des »leutseligen Volksbischofs« sollen hier nur gestreift werden: sein Einsatz für die Stadt, um sie 1945 vor der Zerstörung zu bewahren, sein Engagement für Flüchtlinge und Kriegsgefangene, seine Liebe zur Jugend. Als Bischof des Wiederaufbaus gründete er schließlich die Joseph-Stiftung, getreu dem Motto: Wohnungsbau ist Kirchenbau! Mir geht es hier mehr um die liebenswerte menschliche Seite des Joseph Otto Kolb, um die Gschichtla und Anekdoten, die sich um seine Person ranken und die zu schade sind, um vergessen zu werden.

Als er 1943 Erzbischof wurde, pflegte er häufig mit dem Weihbischof, einigen Domkapitularen und Pfarrern über Land zu gehen – woraufhin in Bamberg der Begriff der »wandernden Kirche« geprägt worden ist. Obwohl Diabetiker, hatte Joseph Otto eine Schwäche für gutes Essen und Trinken. Auch in der Kriegs- und Nachkriegszeit fand sich stets eine fromme und mitleidige Wirtin, die »an Gögä, a Entn odä a poä Täubla« auftrieb, um die wandernde Kirche zu stärken. Die trat übrigens gar nicht klerikal auf: Mit Windblusen und auch sonst wandermäßig ausgerüstet, war sie auf Anhieb gar nicht zu erkennen.

Kurz nach dem Krieg war Anton Hergenröder, der spätere Bürgermeister und Bezirkstagspräsident, der Chauffeur des Bischofs. Er fuhr ihn einmal auch in sein Heimatstädtchen Seßlach, wo Joseph Otto die Firmung spenden sollte. In seinem Bischofswappen führte er ja sogar die drei roten Fische aus dem Seßlacher Stadtwappen. Freude und Erwartung im Städtchen waren groß, es war festlich mit Fahnen,

Bischof Joseph Otto als Spielführer

Girlanden und weiß-gelben Transparenten geschmückt. Hergenröder konnte dies alles gar nicht genug bewundern: »Schauen Sie nur, Exzellenz, und alles zu Ihren Ehren! Und da, auf dem Spruchband steht ›Seßlach grüßt seinen großen Sohn‹«, las er dem sehr kurzsichtigen Erzbischof vor. Der antwortete augenzwinkernd und leicht ironisch: »Also Anton, fahr feierlich!«

Einmal visitierte Joseph Otto im äußersten Zipfel der Erzdiözese Iphofen, das er wegen seiner exzellenten Weine sehr schätzte. Zudem war der Pfarrer auch noch ein Kursgenosse von ihm. Am Abend saßen die beiden noch lange zusammen und tauschten Erinnerungen an die Seminarzeit aus. Mehrmals stieg der Pfarrer in den Keller und brachte immer bessere »Lagen« herauf. »Obä etz langts«, mahnte er schließlich. »An Bocksbeutl trink mä scho noch«, bestimmte der Bischof – und da stellte der Freund eine Trockenbeerenauslese auf den Tisch. »Gell, des is dei bestä«, sagte Joseph Otto, nachdem er genießerisch gekostet hatte. Darauf der Pfarrer: »Naa, den trink i, wenn i allaa bin!« Nicht nur, wenn der Bischof von solchen Reisen zurückkam, pflegte er in seiner unnachahmlichen Sprechweise zu sagen: »Figuuren hab ich in meinem Klerus, Figuuren!«

Für die Visitation einer ländlichen Gemeinde hatte der Oberhirte drei Tage vorgesehen. Aber das Pfarrhaus war, dezent ausgedrückt, nicht sehr gepflegt. So beeilte er sich, um schon nach zwei Tagen den Besuch abzuschließen. Die Haushälterin schlug die Hände überm Kopf zusammen: »Wos, Exzellenz, Sie wern doch net scho fortwolln, etz, wo des Bett scho oogsäut is!«

Bei der Einweihung eines Anbaus des Canisiusheimes ließ er es sich nicht nehmen, mit dem Weihwasserkessel durch alle Räume zu gehen. In einem Zimmer fiel sein Blick auf eine Lampe, die mit einer buntbemalten Laubsägearbeit verziert war und Max und Moritz darstellte. Er besprengte auch sie mit Weihwasser und säuselte: »Max und Moritz – auch ein bißchen!«

Joseph Otto galt nicht nur als großer Freund der Jugend, er war es auch. »Am Geld soll es nicht liegen«, sagte er häufig und gründete das Jugendwerk St. Heinrich und Kunigund. Aber das Beste, was er für die Jugend tat, war der Kauf des Feuersteins, eines ehemaligen Forschungslaboratoriums. Mit Jupp Schneider und Emil Kemmer baute er es zur seinerzeit größten Jugendburg der Bundesrepublik aus. Zur Einweihung 1946 strömten Jugendgruppen aus der ganzen Erzdiözese zusammen, sie kamen mit Rädern, mit der Bahn und zu Fuß. Weil das Haus die Tausende nicht fassen konnte, wurde der Gottesdienst im Freien gehalten und mit Lautsprechern übertragen. Ich bin sicher nicht die einzige, die sich noch lebhaft und aus gutem Grund an die Festpredigt von Joseph Otto erinnert: »Der Feuerstein soll sein ein Haus der Jugend – ein Jugendhaus! Er soll sein ein Haus des Gebetes – ein Gebetshaus! Er soll sein ein Haus der Bildung – ein Bildungshaus! Er soll aber auch sein ein Haus der Freude – ein Freudenhaus!«

KLAA – GROSS – NET GRÖSSÄ

Jeden Morgen um die gleiche Zeit konnten die Bewohner der Sutte einen kleinen, unscheinbaren Mann vorbeigehen sehen, der dann an einem Seitenaltar der Karmelitenkirche die heilige Messe las, wie man damals sagte. In der Sutte gab es in den Jahren des Zweiten Weltkriegs a winzichs Lädäla, in dem die Milch »auf Marken« ausgegeben wurde: Vollmilch für die

Kinder, für die Erwachsenen nur Magermilch. Auf dem Heimweg nahm der Herr Professor oft die Milchration mit nach Hause. Als er 1943 Weihbischof wurde, rief die dicke Milchfrau aus: »Ich hobs ja scho immä gäwißt, daß dä klaa Hä Professä meä koo als bloß Milch holn!« Der Kommentar vieler Bamberger lautete: Vill vorstelln tut er ja net, unsä neuä Weihbischof, obä scheints is ä a recht gscheitä Moo!

Heute wissen nicht mehr viele Leute in Bamberg, ja nicht einmal im Berggebiet, wer dieser Mann war, nach dem die Artur-Landgraf-Straße ihren Namen hat. Und doch verdankt Bamberg dem DDr. Artur Michael Landgraf (1895–1958) sehr viel.

In den letzten Kriegstagen sollte die Stadt als »Festung der Juralinie« bis zum letzten Haus verteidigt werden. Die Bombenteppiche, mit denen Bamberg deswegen von den Amerikanern belegt werden sollte, waren ebenfalls schon geplant. Landgraf wußte davon dank seiner amerikanischen Verbindungen: Er war nämlich vor dem Krieg als anerkannter Gelehrter Professor an der Catholic University of America in Washington gewesen. In einem konspirativen nächtlichen Gespräch im Hollfelder Pfarrhaus mit dem SS-Kommandanten gelang es ihm, das Schlimmste zu verhindern. Umgekehrt protestierte der mutige Weihbischof später bei der amerikanischen Militärregierung gegen die Behinderung der kirchlichen Pressearbeit. Ein hoher amerikanischer Offizier wunderte sich über die kräftige Sprache des Bischofs, wie er sie sonst nur von Brooklyner Kraftfahrern kannte.

1939 war Landgraf nach Bamberg zurückgekehrt und lehrte an der Philosophisch-Theologischen Hochschule Dogmatik. Schon damals hieß er bei den Theologen nur »der kleine Muck«, was ihm wohl bekannt war. Während einer Vorlesung fixierte ihn ein Student unentwegt durch ein Fernglas – bis es dem Professor zu dumm wurde. Er unterbrach seinen Vortrag und sagte mit unüberhörbarem Spott: »Wenn der Herr in der letzten Reihe links glaubt, den kleinen Muck nur mit dem Fernglas erkennen zu können, dann sage ich meinerseits, daß ich genau sehen kann, daß der Hörer in der vorletzten Reihe rechts während meiner Vorlesung die Zeitung studiert!«

Außer bedeutenden Werken über die Frühscholastik schrieb Landgraf – man höre und staune – auch Romane und Gedichte. Für Karl May hatte er eine große Schwäche: Nach der Währungsreform kaufte er jeden Band, der neu aufgelegt wurde. Den las er dann, fasziniert wie ein kleiner Junge, bäuchlings auf dem Teppich seiner Bibliothek liegend. Auch als Weihbischof blieb er bei seinem alten Vater und den unverheirateten Schwestern im hinteren Teufelsgraben wohnen. Mehr als zehn Jahre nach seinem Tode wurde die Artur-Landgraf-Straße nach ihm benannt. Von da an versäumten es seine beiden noch lebenden Schwestern keinen Sonntag, hier spazieren zu wandeln, »in memoriam fratris«.

So wenig Aufhebens er, auch in der Kleidung, von seiner Person machte, so nahm er doch die Würde und Autorität seines Bischofsamtes sehr ernst. Hier konnte man sich des Eindrucks nicht erwehren, daß ihn seine Größe – oder vielmehr das Gegenteil davon – schon störte. Hatte er sich vielleicht gar deswegen als Weihbischof den Namen des großen Erzengels Michael zugelegt? Vor jedem Pontifikalamt ordnete er an, daß zum liturgischen Altardienst niemand ausgesucht wurde, der größer wäre als er selber. Das war praktisch nicht möglich! So machten sich die Alumnen, die es damals ja noch reichlich gab, einen Spaß daraus, nun gerade die größten auszuwählen.

Nach einer Firmung im Dom wollte die kleine Exzellenz schließlich den allgemeinen Segen erteilen. »Alles niederknien!« forderte er durchdringend die Firmlinge und ihre Paten auf, und das dreimal in immer höherer Tonlage, bis jeder Folge geleistet hatte und er alle überragte. Aber was mußte er sehen? Am Kaisergrab, das damals noch mitten im Dom war, stand ein Mann wie ein Baum. »Dort steht noch ein Mann!« rief der Bischof streng. Doch dieser rief zurück »Exzellenz, ich hob a Holzbaa!«

Als Joseph Otto Kolb im Jahr 1943 Erzbischof geworden war, prägte man, wie schon berichtet, in Bamberg den Begriff der »wandernden Kirche«. Einmal im Monat ging nämlich der Oberhirte mit Weihbischof Landgraf, einigen Domkapitularen und Bamberger Pfarrern in legerer Kleidung über Land. Als sie einmal im Jura an einem steinigen Acker vorbeikamen, war einem Bauern der Pflug steckengeblieben. Weder dem Gespann noch seiner Kraft noch mit Schimpfen und Fluchen gelang es, ihn zu bewegen. »Herrschaft, ihä fauln Spaziergänger, geht heä und helft a weng!« »Was können wir denn tun?« fragten sie erstaunt. Da hatte der Bauer schon den Weihbischof Landgraf an der Schulter gepackt und zog ihn mit sich: »Des klaa Männla soll mitgeh.« Ohne Widerrede folgte der kleine Muck. Als es den beiden gelungen war, den Pflug wieder zu bewegen, rief der Bauer: »So, du Grischperla, etz derfst widdä weitä geh mit deina Kumärodn!«

Im September 1958 starb Artur Michael Landgraf. Vor der Beerdigung in der Sakramentskapelle wurde der Sarg in einem Trauerzug durch die Domgasse und die Obere Karo-

Weihbischof DDr. Artur Michael Landgraf (1895–1958)

linenstraße in den Dom geführt. Viele Bamberger standen Spalier, unter ihnen auch die Schüler der Kaulbergschule.

Sogar die Abc-Schützen hatte man hingebracht. Sie konnten allerdings den üblichen Aufsatz, der auf die anderen Schüler nach so einem Ereignis unweigerlich zukam, nicht schreiben, waren sie doch erst eine Woche in der Schule. »Bis morgen malt ihr den Trauerzug oder den Dom oder was euch sonst zu einem Bischof einfällt«, stellte die bewährte Erstklaßlehrerin Franziska Fleischmann als Hausaufgabe. Der Hannes malte einen großen Sarg, der sich über das ganze Zeichenblatt hinzog, darinnen ein winziges Männchen mit spitzen Schuhen und einer großen Bischofsmütze. Als die Lehrerin am nächsten Tag die Zeichnungen anschaute, wunderte sie sich über das Mißverhältnis: »Ist der Bischof nicht doch etwas klein geraten?« Aber der Hannes wußte sich voll im Recht: »Du, deä woä net größä!«

DIE HEILIGE FAMILIE IN SEENOT

Wenn die Schule nach den Weihnachtsferien wieder begonnen hatte, waren die wechselnden Krippenszenen in den Kirchen für die Kaulberger Kinder früher eine große Attraktion – vor allem in den Jahren zwischen 1945 und 1948, als es ja sonst kaum etwas Besonderes gab.

Endlich hatte die schrille Glocke der Kaulbergschule das Ende des Unterrichts angezeigt. Die Schüler stürmten auf den Schulplatz, und schon stellte einer die naheliegende Frage: »Gemmä weng nein Krippäla?« Für die vier Buben, die »Suttnä« und »Altenburgerstroßä« waren, bot sich die Karmelitenkirche an. Der Hermann wußte sogar, daß die »Kamä« (Karmeliten) gerade umgebaut hatten, daß es also eine neue Szene zu sehen gab.

Um die Mittagszeit war die Kirche still und verlassen. Die Krippe befand sich damals in der Nische neben dem Haupteingang, gesichert durch ein Gitter. Die Buben waren fasziniert: Diesmal war nämlich die Flucht nach Ägypten dargestellt, aber nicht wie üblich eine Reise mit dem Esel. Maria mit dem Kind saß in einem schön geschnitzten Schelch, den Josef mit einer langen Stange wie ein Fährmann über den See zu bewegen schien.

»Schau noo, des is fei ächts Wassä!« flüsterte der Willi aufgeregt. Und wirklich, Frater Othmar, dessen frommer Phantasie diese Szene entsprungen war, hatte sich nicht mit Stanniol oder einer Glasplatte zufriedengegeben. Eine große Schüssel mit Wasser war in den Untergrund eingelassen und der Rand mit Schlingpflanzen und Moos kunstvoll bedeckt. Eine ganze Weile bewunderten die Buben das Bild. Aber sie wären nicht zehnjährige »Läusä« gewesen, um nicht schnell zu begreifen, als der Hans laut überlegte: Do draußn untä die Fliedäbüsch sän Kieslstaala!

Rasch holten sie poä Hämpfäla und begannen zuerst vorsichtig, Steinchen durch das Gitter ins Wasser zu werfen. Der See geriet in Bewegung, der Schelch schaukelte ein bißchen, und die Buben jubelten. Ihre Würfe wurden immer kecker, die Wellen schwappten in das Schiffchen – und plötzlich gab es im Eifer des Spiels einen Volltreffer: Das Schiff sank samt der Heiligen Familie! Da packte die Buben ein großer Schreck, mit klappernden Schulsäcken rannten sie aus der Kirche.

Mehrere Tage wagten sie nicht mehr, das Gotteshaus zu betreten. Aber – das Verbotene reizt bekanntlich – am dritten Tag waren sie wieder da, die Hosentaschen voller Kiesel. Die Szene war wieder schön aufgebaut, nur die Geschosse am

Grund des klaren Wassers erinnerten noch an die »Versenkung«. Aber gerade die Steinchen wurden ihnen zum Verhängnis, denn sie hatten den Sakristan auf die Spur der jungen Übeltäter gebracht.

Als sie bald wieder einen Sturm auf dem See entfesselten, kam plötzlich hinter der Säule ein Löschhorn an einem langen Stiel hervor und hakte sich an Willis Ranzen fest. Es gelang ihm zwar, sich zu befreien, und alle vier traten eilends die Flucht in Richtung Kirchentür an. Doch Frater Othmar, der hinter dem Beichtstuhl auf die bösen Buben gelauert hatte, glückte es, den letzten festzuhalten. Die anderen drei liefen davon und versteckten sich beim Kohlenhändler Steck, gegenüber der Kirche. Hier, in ihrem Ägypten, warteten sie auf ihren Kameraden.

Karmelitenkonvent 1906: in der 2. Reihe als zweiter von rechts Frater Alois Ehrlich

Lange dauerte es, bis er ganz zerknirscht ankam. »Host Knörz griecht?« fragten sie ihn aufgeregt. »Des net, obä ich hob alläs soong gämüßt. Die Noma, die Klass, den Lehrä, alläs!« Schon am nächsten Morgen war der Lehrer Götz, der in der Karmelitenkirche die Orgel spielte, aus erster Hand informiert. »Und wos solli Ihna soong«, schmunzelt der Willi, der mir 50 Jahre später davon erzählt, »Brüch hots kana gebn, obä Strofarbeitn hommä schreibn müssn, daß uns die Fingä gäkracht hom: Die Flucht nach Ägypten, Matthäus 2, 13–15 – die Stell waaß i heut nuch –, und zwoä zwanzich Mol!«

Diebe in Kana?

In der Oberen Pfarre gibt es eine lange Tradition von Krippendarstellungen. So wurde schon im 16. Jahrhundert der »Weihnachts- oder Krippenaltar« des Veit Stoß erworben, der jetzt als ständige Leihgabe im Bamberger Dom steht. Er wurde nicht als Altar verwendet, sondern als großartige »Wandkrippe«. Der Kern der jetzigen Krippenfiguren stammt aus der Barockzeit. 22 Jahre lang versteckte sie Pfarrer Augustin Schellenberger, als in der Säkularisation ein Verbot über die Aufstellung von Krippen erging. Nachdem Ludwig I. König geworden war, wurde es nach einer Eingabe von Erzbischof Joseph Maria von Fraunberg wieder aufgehoben. 1826 konnte die restaurierte Krippe erstmals aufgebaut werden. Durch eine großzügige Schenkung von Figuren aus der abgebrochenen Franziskanerkirche an der Schranne wurde sie wesentlich vergrößert. Auch in unserem Jahrhundert kamen markante Charakterköpfe dazu, geschnitzt von Bamberger Künstlern.

So richtig bekannt gemacht hat die Krippe der Oberen Pfarre Michael Kager, der sie 25 Jahre – von 1964 bis 1989 – aufgestellt und betreut hat. Von seinen originellen Bamberger Szenen am Rande des großen biblischen Geschehens waren die Besucher angetan, vor allem bei der Hochzeit von Kana. Doch besonders bei dieser Szene gab es auch ungebetene Gäste: Eines Morgens war die Krippe in großer Unordnung. Die Marktfrau und ihre Kunden waren umgeworfen, die Nüsse, Bohnen und Linsen ihres Standes lagen ringsum verstreut, auf den Tischen daneben waren die meisten Plätzchen verschwunden, die Reste angebissen. Im »Hochzeitssaal« standen auf dem Boden kleine Pfützen, die entsetzlich stanken. Der Mesner brachte alles wieder in Ordnung, doch schon am nächsten Tag fand er die gleiche Bescherung vor. Da geriet er in gerechten Zorn, weil er glaubte, daß jugendliche Rowdys die Verwüstung anrichteten, und er paßte auf wie »a Häggäläsmachä«. Als er dann bei der Frühmesse mit dem Klingelbeutel herumging, traute er seinen Augen nicht: Ein schwarzes Eichhörnchen turnte in der Krippe herum, lief gewandt auf den Gesimsen zum Chorumgang und schlüpfte dort in das Sakramentshäuschen. Nach dem Gottesdienst rief der Mesner seine Frau. Beide öffneten die Fenster und Türen der Kirche. Ganz oben im Sakramentshäuschen, das ja nur an den Kartagen genutzt wird, entdeckten sie das Tierchen. Nach einer langen und aufregenden Jagd lotsten sie es schließlich auf der Pfarrhofseite aus der Kirche, wo es über die Dächer verschwand. Erst bei der Renovierung im folgenden Jahr entdeckte man oben im Sakramentshäuschen das Vorratslager des kleinen Diebs: eine ganze Menge von Nüssen und alten Plätzchen!

Ein anderes Mal hatte der Mesner bei der Hochzeitsdarstellung auf der langen Tafel ganz realistisch kleine Flaschen mit verdauungsförderndem Kräuterschnaps aufgestellt. Es waren

Werbegeschenke, den großen Flaschen haargenau nachgebildet. Sie wurden von den »Geschwistern Salb« gestiftet, die am Kaulberg ein kleines Gemischtwarengeschäft betrieben. Stirnrunzelnd mußte Mesner Kager eines Tages feststellen, daß sie sämtlich ausgetrunken waren. Das Spiel wiederholte sich mehrere Tage. Der Mesner füllte nach – und schon am Vormittag waren die Flaschen leer. Da man noch nie gehört hatte, daß schwarze Eichhörnchen Flaschenverschlüsse aufdrehen, und auch der »Kreehannes« und der »Vizeknorz«, zwei lustige Krippenfiguren, nicht in Frage kamen, mußte der Täter aus einer anderen Szene stammen. Waren es vielleicht die Stadtstreicher, die jeden Morgen an der Kirche vorbeigingen, wenn sie sich bei der Pfarrschwester ein Geldstück abholten?

Bei der Hochzeit zu Kana in der Oberen Pfarre ist der Tisch reich gedeckt. Für manche zu verlockend ...

Von seinem alten Hausarzt, dem Dr. Götz, stammte der entscheidende Hinweis, der zur Lösung des Falles führte. »Wart neä, dich griech ich scho nuch«, brummte der Mesner, als er die Schnapsfläschchen mit einer Mischung aus Rizinusöl und Himbeersaft auffüllte. Obä – mä sollts net glaabn, die Lösung war eine unerwartete! Am späten Vormittag kam die Mutter vom Andreas, der in letzter Zeit so eifrig bei der Frühmesse ministriert hatte. »Och Gottla, Hä Mesnä, mei Bu ko fei heut nochmittoch bei dera Beerdigung net minischtrieän! Heut früh bei dä Mess woä dä Andreas doch nuch ganz muntä! Obä dänooch, in dä Schul hotä orchs Bauchweh griecht. Äs woä na so schlächt, daß na dä Lehrä haamgschickt hot. Und donn hots na fast zärrissn: Eä kummt vom Örtla goä nimmä runtä, dä arm Käll! Entschuldichn Sie na halt beim Pfarrä!« Der Hä Mesnä nahm die Entschuldigung an, aber sein Mitgefühl war nicht so groß, wie es die Mutter erwartet hatte. Värrotn hotä trotzdem nix!

Und wenn jetzt jemand auf die Idee kommen sollte, in diesem Jahr die Fläschchen, Fässer und Krüge zu testen, der wird weder Kräuterschnaps noch Rizinusöl finden – bloß Luft! Obä die Wörschtla, Laabla, Krapfn und Kuung – die sän nuch immä garandierd ächd!

DIE RICHTICH MUTTÄGOTTES

Zu meinen ältesten Erinnerungen an das Hochfest der Oberen Pfarre, das jedes Jahr am Sonntag nach Mariä Himmelfahrt gefeiert wird, zählen die Tische der Kerzenverkäufer. Sie standen links und rechts neben dem Hauptportal und waren mit Kerzen aller Art bedeckt: mit kleinen dünnen, normalen mittleren und großen dicken. Je nach Art und Schwere des Anliegens wurden sie von den Betstundenbesuchern gekauft und dann vor dem Gnadenbild angezündet. In dieser einen Woche, in der das Abbild Marias so nah und freundlich im Kirchenschiff stand, erhoffte man sich noch mehr als sonst Hilfe und Rat in allen menschlichen Nöten.

Auch die Marri aus der Laurenzistraß hatte jahrzehntelang das Privileg des Kerzenverkaufs vor der Oberen Pfarre, und sie bot auch Wachsstöcke in allen Größen an, die auf die Legende verwiesen, die sich um dieses Fest rankt: Das leere Grab Mariens soll voll der schönsten Blumen und Heilkräuter gewesen sein. Zu gerne hätte ich als Kind einen gehabt, der über und über mit bunten Wachsblumen verziert war! Aber meine Mutter ließ sich nie erweichen. »Des väleit bloß zum Zündeln!« Jede Kerznfraa war sehr darauf bedacht, ein gutes Geschäft zu machen, und äugte oft neidisch zu den Tischen der Konkurrenz, die mehr Zulauf hatte. Aber sie konnte leider doch nicht gut – wie auf dem Wochenmarkt üblich – fragen. »No, braung mä heut nix?« So grüßte sie halt laut ihre Bekannten und schaute alle Kirchenbesucher mit strengen, heischenden Blicken an, so daß es gar nicht leicht war, vorbeizugehen, ohne etwas zu kaufen. Die Marri saß den ganzen Tag hinter ihrem Tisch – ihre Beine machten nicht mehr recht mit, außädäm worn sie scho immä »väkehrt eighängt«. »Hom Sie aa schworza Kerzn, die wu mä beim Gäwittä oozündt, daß dä Blitz net eischlägt?« fragte eine Frau, »solcha, wu ich letzts Joä aus Aldödding mitgäbrocht hob!« Leider mußte die Marri verneinen, doch dann brummte sie unwillig »Wos nä die Leut immä noch Aldödding fohrn, wu doch unsä Muttägottes die richtich is!«

Am Donnerstag nach dem Fest, wenn alle Betstunden vorüber sind, wird das Madonnenbild wieder auf seinen »Thron« im Hochaltar gebracht. Das war auch in den sechziger Jahren so, als der Karl und der Heiner zu den »großen« Ministranten gehörten. Sie nahmen sich regelmäßig den Tag frei, um dabeizusein und mitzuhelfen. Das Mesnereehepaar nahm der Statue vorsichtig den Schmuck, die Votivgaben und die steifen Brokatkleider wieder ab und verwahrte die kunstvoll gefaltete Spitzenmanschette. Außerdem halfen auch die Pfarrschwester und ein Häufchen älterer Frauen mit. Sie sonderten von den Gladiolen, mit denen das Gnadenbild geschmückt war, die welken aus. Die gut erhaltenen banden sie zu kleinen Sträußen, die hom donn »verdienta Persona« in dä Pfarrei kriecht. Danach zogen die Frauen Tüchlein heraus und berührten damit die Figur. Den Vogel schoß dabei eine Bewohnerin der Hölle ab. Sie nahm aus ihrer Tasche ein ganzes Bündel von Tüchern, die auch noch beschriftet waren. »Des is gechä Kopfweh«, sagte sie und berührte mit einem die Stirn der Statue, »und des gechä Zohweh« und betupfte mit einem andern die Backe. Und so ging das weiter mit Krankheiten der übrigen Körperteile – dann wurden die »Berührungs-Reliquien« sorgfältig verwahrt.

Auszug der Großen Muttergottesprozession in den dreißiger Jahren

Endlich konnten die Ministranten das Bild in den Chorumgang tragen, um es auf den Aufzug im Altar zu stellen. Mit einer Kurbel wurde es emporgehoben. Die Ministranten wußten, daß die frommen Frauen während der »Auffahrt« ein Marienlied anstimmen würden. Bei den ersten Drehgeräuschen sagten sie diesmal zueinander: »Etz wern sie gleich mit ihra silberhelln Blechstimma oofanga zä tremoliern! No wart nä!« Und wirklich erklang »Maria, wir dich grüßen«, wobei die Frauen verzückt zum Thron schauten, wo jeden Moment das Muttergottesbild erscheinen mußte. Doch welch böse Überraschung! Statt dessen wurde Zentimeter um Zentimeter der Quadratschädel vom Schorsch sichtbar, den die Ministranten hinaufgezogen hatten, um die Frauen so von der Statue auf die richtige Muttergottes hinzuweisen. Ihr Singen ging schnell in empörtes Schimpfen über. »Ihä Dunnäkeila! So a Schand ä Spott! So a Sünd! Des derf mä ja kan Menschn däzähln!«

»Des hom sie uns fei long net väzieha, die fromma Seeln«, gestanden mir der Karl und der Heiner, »johrelong hom sie uns desweng krumm ogschaut!«

ALLÄHAND FOHNA

Wenn dä groß Umgong net ausgeh ko, bedeut des Krieg odä a andärsch Unglück! Diese Meinung kann man in den Dörfern des Umlands und ähnlich auch in Bamberg noch heute hören. Genau vor 60 Jahren, im August 1939, konnte die Große Muttergottesprozession der Oberen Pfarre nicht stattfinden, weil bereits Truppenbewegungen in den Straßen Bambergs im Gange waren; auch für 1914 traf dies zu. 1796 wurde sie verschoben, weil die Stadt von den Franzosen besetzt war.

In ihrer jetzigen Form gibt es diese Prozession seit dem Jahr 1700. Wenn das Gnadenbild durch das weitgeöffnete Portal der Oberen Pfarre herausgetragen wurde, spielten Orgel und Blaskapelle noch bis in die fünfziger Jahre: »Dein Gewand ist Sonnenglanz und der Mond sich bücket tief vor dir« – eine poetische Anspielung auf das weißgoldene Brokatgewand und die Mondsichel zu Füßen der Statue. Aber auch die Träger mußten sich beim Auszug bücken, damit die Bekrönung des Baldachins nicht heruntergestreift wurde. Die vielen barocken Schleifen der Liedmelodie wurden noch durch zusätzliche persönliche vermehrt, die man dehnte, um sie noch mehr zu genießen – eine ständige Kraftprobe mit der Blaskapelle!

Als beim ersten Altar vor der Englischen Institutskirche die Bläser nicht rechtzeitig einsetzten, brummelte der Bastl, der die Dreifaltigkeitsfahne trug: »Des is ja wie bei dem Sprüchla: Deä mit seinä großn Nosn muß die groß Trumpetn blosn – die Trumpetn geht net los, wal die Nosn is zä groß!« Nach Rückkehr der Prozession lieferte er seine Standarte ordnungsgemäß beim Mesner ab, sagte aber mahnend zu ihm: »Hörscht, o dera

Fohna is net mehä als alläs liedschäftich! Hauptsächlich der Heilich Geist steht auf schwocha Füß, die wern na bal obbrösln!« »Du derfst ja net vägessn«, antwortete der Mesner, »daß die Fohna scho mehä als 400 Joä old is. Natürlich ghöät sie heägäricht! In die fuchzigä Joä hot mäs scho mol prowiät – obä des worn ka Fochleut und die hom mehä schlächt gämacht als gut. A poä Stiftä odä Gönnä bräucht mer halt, es müssn ja ka Domherrn sei! Alaa ko des die Obä Pfarr net bäzohln!« Vom Geld will der Bastl aber nichts mehr hören – er kann an nichts anderes denken als an seinen großen Durst. Also geht er in den Greifenklau-Garten, wo es noch schön kühl ist.

Gleich am ersten Tisch neben der Schenke läßt er sich nieder, damit der Bier-Nachschub auch immer schnell klappt. Obä sei Durscht is net so schnell zä löschn – und so sitzt er am frühen Abend immer noch da, als schon die ersten Brotzeitgäste kommen. Inzwischen ist der Bastl in der Phase, wo ihn das Singen überkommt. Der Wirtin ist es peinlich: »Des stört doch die bessän Leut!« Und sie läßt ihm durch die Bedienung sagen, er möcht doch bittschön aufhörn. Der Bastl denkt gar nicht dran und stimmt im tiefsten Baß sein Lieblingslied an: »Steh ich in finstrer Mitternacht« – »Geh fei zu«, schreit der Schorsch, der gerade kommt, »heut nocht kost du nimmä steh, om bestn, du gehst etz glei haam!«

Aber der Bastl hört nicht auf den gutgemeinten Rat und singt unerschütterlich weiter. Viel Gefühl legt er in die nächste Strophe: »Als ich zur Fahne fortgemüßt, hat sie so herzlich mich geküßt ...« Da kann der Adl vom Nachbartisch nicht mehr an sich halten: »Also Bastl, wennst du heut nocht, nooch sovill Moßn, mit deina Fohna haamkummst, die wu nuch vill größä is als die Dreifaltigkeitsfohna – daß du do nuch geküßt werst vo deinärä Fraa, des glabst doch selbä net! Ehrer grigst dei Knörz!«

Die Dreifaltigkeitsfahne, eine Querstabstandarte mit der Krönung Mariens, gilt als die älteste Kirchenfahne ihrer Art in Deutschland (ca. 1581 bis 1590). Ihre Besonderheit ist die Kombination von Reliefstickerei und Schnitzwerk. Der Domherr Johannes Dietmar von Walldorf, Oberpfarrer zu Unserer Lieben Frau, stiftete sie der Engelbruderschaft. Das Kunstwerk ist heute in einem schlimmen Zustand und bedarf dringend der Restaurierung.

UNSÄ SEBASTIAN

»Wissn Sie denn, daß miä voä Johrn aus dä Obern Pfarr wos mitnehma – no, eichentlich wos räubern wolltn?« fragte mich bei einem Bürgerfest ein angesehener Gaustadter. Ich riß Mund und Augen auf, bis er das Stichwort »Sebastian« fallen ließ. Natürlich hatte ich von der Geschichte gehört, kannte sie aber nur aus dem Blickwinkel der Oberen Pfarre.

Bis zur Säkularisation gehörte Gaustadt nämlich mit anderen Dörfern links der Regnitz zur Oberen Pfarre. In der Chronik steht, daß der 20. Januar, der Sebastianitag, schon seit »ältester Zeit« in Gaustadt Feiertag war, an dem zur Mutterkirche am Kaulberg gewallt wurde. 1684 hatte man dafür eigens eine Figur des Heiligen schnitzen lassen, die von Jünglingen getragen wurde. Nach der Prozession wurde sie in der Elisabethenkirche im Sand abgestellt, weil es in Gaustadt nur eine winzige, hölzerne Kapelle gab. »Obä amol, 1803, hom sie den Sebastian nimmä haamgäbrocht, und es hot ghaaßn, die Trächa hättn na im Greifnklau väsuffn!« erzählt der Horst.

Zur Ehre der Gaustadter muß gesagt werden, daß das nicht stimmt. Es gab damals einen Kaplan Leicht an der Oberen Pfarre, der ein gebürtiger Gaustadter war und der die kleine Gemeinde auch seelsorgerisch betreute. Er riet, angesichts der Säkularisation, die Figur in der Mutterkirche am Kaulberg stehen zu lassen, weil sie dort sicher war. Sonst wäre sie, wie so viele andere Statuen, Altäre und Kanzeln in Filial- und Klosterkirchen, vom Staat verschleudert worden. Im Lauf der Zeit geriet die Sache scheinbar in Vergessenheit.

Doch als die Sebastianikapelle 1985 restauriert wurde, erinnerten sich einige Gaustadter an ihren Heiligen. Der damalige Pfarrer stellte Nachforschungen an, und die Spur führte in die Obere Pfarre. »Do drobn steht unsä Sebastian välossn auf an Beichtstuhl im Chorumgong – und bei uns weä eä dä Mittlpunkt vo dä Kapelln!« Bei Bier und Brotzeit geriet eine Handvoll Gaustadter in heiligen Zorn. »Deä Sebastian ghört uns«, schrie Hans, der Stadtrat, und schlug mit der Faust auf den Tisch, »und den holn mä uns widdä!« »Jawoll«, stimmten die andern ein, »und wenns sei muß, mit Gäwolt!« Nur der Erwin riet zur Mäßigung. Also informierte der Pfarrer zunächst seinen Confrater von der Oberen Pfarre. Aber es existierte nichts Schriftliches. War es nun eine Schenkung oder eine Leihgabe?

Rechtlich stand die Sache der Gaustadter auf schwachen, eigentlich auf gar keinen Füßen. Aber wollte man nicht eh zum 600. Kirchweihjubiläum in die Obere Pfarre wallen? Das wäre doch die Gelegenheit für den harten Kern! Während die Mehrzahl der Gaustadter in frommer Prozession zu Unsrer Lieben Frau zog, hatten die »Räuber« ihre Vorbereitungen schon getroffen: ein Kombi-Wagen mit einer weichen Matratze, mit Decken und Seilen folgte in sichererem Abstand dem Zug. »Und wenn die Mess väbei is und die andän bei dä Brotzeit höckn, donn gehn miä einfoch nein Chorumgong und hievn den Sebastian vom Beichtstuhl runtä! Välleicht merkns die vo dä Obän Pfarr goä net gleich!« Falsch geplant: Die Figur stand, zu Ehren der Gaustadter festlich geschmückt, im Mittelschiff der Kirche!

Also mußten die Männer wohl oder übel mit dem Pfarrer verhandeln. »Aber, meine Herren, davon weiß ich wirklich nichts – vor 180 Jahren war ich schließlich noch nicht hier!« versuchte er zu scherzen. Den Gaustadtern dagegen war es bitter ernst. Nur Sebastian, der allein wußte, wie sich alles zugetragen hatte, stand in anmutiger, bereits verklärter Haltung vor den Streitenden und schaute schweigend über alle hinweg.

»Und etzät nehma miä unsän Sebastian mit haam!« riefen die Gaustadter und wollten ihn vom Postament herunterheben.

Der Pfarrer protestierte: »Gegen Gewalt bin ich zwar machtlos – aber das ist nicht legal! Außerdem hat da unser Kirchenrat auch noch ein Wort mitzureden!« Der aber glänzte durch Abwesenheit. Nur der Sepp vom Pfarrgemeinderat legte sich mächtig ins Zeug. »Ihä könnt na scho mitnehma, obä morng früh kummt donn die Polizei und holt na widdä – und donn geht im Gutn goä nix meä!« Das mußten die Gaustadter schließlich einsehen und zogen vorerst mit leeren Händen wieder ab.

Im Kirchenrat der Oberen Pfarre gab es zwar Verständnis für die Wünsche der Gaustadter, aber auch Einwände. »Miä sän dofüä do, des Vämööng vo dä Pfarrei zä väwaltn und zä vämehrn«, gab der Karl zu bedenken. »Etz hommä scho unsän Veit-Stoß-Altoä als ständicha Leihgob nübern Dom gebn, die »Madonna aus dä Nachgotik« kummt noch St. Urban, und etz wölln sie uns den Sebastian aa nuch fortschlaafn! Miä wern bald ka Figur mehr in unsärä Kärng hom!« Wer die Obere Pfarre kennt, weiß, daß das schlichtweg übertrieben war – und schließlich siegten auch Einsicht und die »christlich Nächstnlieb«.

Zweimal heiliger Sebastian: das Original links und rechts die Kopie von Hermann Leitherer – oder umgekehrt?

Bald darauf kam eine Einladung für den Kirchenrat nach Gaustadt, und bei einem gemeinsamen Essen beider Gremien wurde der Kompromiß vom Sepp angenommen: Die Gaustadter lassen auf ihre Kosten eine Kopie des Sebastian für die Obere Pfarre schnitzen, und das Original kommt als ständige Leihgabe nach Gaustadt. Drei Jahre später war es dann soweit. Im Kirchenschiff der Oberen Pfarre standen die beiden Sebastiansfiguren nebeneinander und glichen sich wie eineiige Zwillinge. Nach einem feierlichen Gottesdienst trugen dann junge Gaustadter ihren Heiligen heimwärts. Von der Erba-Brücke an sollte die Prozession am Leinritt gehen. Aber Hans, der Stadtrat, bestimmte: »Nix do! Wenn miä scho unsän Sebastian im Triumph endlich haambrenga, donn gehn miä ka Schleichwegla, donn gehn miä auf dä Hauptstroß mit Paukn und Trumpeten, no, halt mit dä Bloskapelln!« Und so zog Sebastian, beinahe 200 Jahre nach seinem Auszug, wieder in Gaustadt ein.

Es gibt aber noch einen andern Schluß der Geschichte, den einige Frauen der Oberen Pfarre beim nächsten Weiberfasching in Szene setzten. In der Nacht vor der Überführung vertauschten sie die beiden Figuren in der Kirche, so daß die Gaustadter den »falschen« Sebastian bekamen!

TOURISTEN UND EXPERTEN

Neulich bekam ich einen Anruf von einem freundlichen, mir unbekannten Bamberger: »Wal miä Ihä Gschicht vo dem Metzgälodn so gut gfalln hot, möcht ich Ihna aa wos däzehln. Des könna Sie ja donn schreibn, wenn ›Biergartenwetter‹ is, des wu bei uns ehrer Kelläwettä haßt. Und nuch däzu, wu etz

so a Gscheiß is mit dera ›Biergartenregelung‹, die wus goä net gebraucht hätt!«

An seinem früheren Standort vor dem Domkranz wurde der Prinzregent ...

Kurz und gut, der Bruder Karl des Anrufers war in München zum Ministerialrat aufgestiegen. Er erzählte in seiner Dienststelle so viel von den geistigen und leiblichen Genüssen seiner Heimatstadt, daß beschlossen wurde, den nächsten Betriebsausflug zum Weltkulturerbe Bamberg zu machen. Von der Putzfrau bis zum Ministerialdirigenten fuhr alles mit, und Karl sollte, als Kenner und Liebhaber seiner Heimat, der Stadtführer sein.

Er begann am Schönleinsplatz, da, wo früher der Stadtgraben war und die Inselstadt endete. Sogleich zeigte ein junger Praktikant, sichtlich stolz auf sein Wissen, auf das Reiterstandbild und fragte, ob das der berühmte Bamberger Reiter sei. »Dä Domreitä is ka Zinnsoldat, des is bloß dä Prinzregent«, antwortete der Ministerialrat, denn immer, wenn er fuchtich wurde, verfiel er in den Dialekt seiner Kindheit.

Als sich die Münchner dann über die leicht ansteigende Obere Brücke dem Alten Rathaus näherten, waren sie von den Fresken und dem ganzen Ensemble begeistert. Karl machte sie auf den besonderen Blick zur Bergstadt aufmerksam, vorbei an der Silhouette des Nepomuk zum hochaufragenden gotischen Chor der Oberen Pfarre. Auf diesen zeigte auch der Führer einer anderen Touristengruppe, und Karl hörte ihn

... aus gutem Grund gern mit dem Domreiter verwechselt.

dozieren: »Und sehen Sie dort die barocke Kirche zu Unsrer Lieben Frau!« »Wos in Bamberg doch alläs füä Kunstexpertn gibt, mä sollts goä net glaabn!«

Endlich stand man im Dom vor dem Reiterstandbild, da referierte gerade ein Kunststudent vor dem Professor und seinen Kommilitonen. Mit gewählten Worten beschrieb er die adelige Haltung und das schöngeformte Haupt, streifte auch das nicht ganz so edle Pferd und erläuterte dann: »Aber wen der Reiter nun wirklich darstellt, wissen wir immer noch nicht. Die Vermutungen gehen von einem der Drei Könige über Stefan von Ungarn, König Konrad oder auch zu Heinrich II. Die neueste These aber lautet, es sei ein Schwiegersohn eben dieses heiligen Kaisers.« »Des is ja orch wundäsam«, entfuhr es dem alten Bamberger, »wu dä Heinrich doch goä ka Kinnä ghobt hot!«

Es war ein ständiges Kommen und Gehen im Dom – und die meisten Besucher hatten nur den »Reiter« im Sinn. Sie stellten ihn sich ähnlich monumental vor wie den Colleone in Venedig und mitten im Dom stehend. Der Karl beobachtete, wie manche schon mehrere Male an der Säule vorbeigegangen waren, auf der er steht, ohne ihn wahrzunehmen. Schließlich fragten sie den Domschweizer: »Wo ist denn hier der Bamberger Reiter?« Der Mann ärgerte sich über die Frage, die ihm bestimmt schon hundertmal gestellt worden war. Am liebsten hätte er gesagt: »Macht halt die Aang auf!« Stattdessen antwortete er mit gespielter Biederkeit: »Den könntä etz net sähng, den hot nämlich mei Kolleg grod zum Brunzn nausgführt!«

Auch in der Oberen Pfarre wimmelte es von Touristen, obwohl es im Frühsommer doch keine Krippendarstellungen mehr gibt. Mit der Münchner Gruppe hatte auch eine Familie die Kirche betreten, von der Sprache her unverkennbar(e) Berliner. Die etwa zehnjährige Tochter fragte ihre Mutter, was das Wasserbecken am Eingang zu bedeuten habe – sie meinte den großen freistehenden Weihwasserkessel. »So jenau weeß ick det ooch nich, aba ick gloobe, da müssen sich die Katholen die Foten drin waschen, bevor sie in ihre Kirche dürfen!« »Ihä müßt uns scho füä orcha Dreegmockl haltn«, raunzte der Karl. Aber die Berliner verstanden ihn nicht und hielten ihn für einen Ausländer.

Bis der Ministerialrat alle Schönheiten Bambergs gezeigt und erschöpfend erklärt hatte, war es schon später Nachmittag geworden, und es stellten sich bei den Kollegen allmählich Ermüdungserscheinungen ein – sowohl körperlicher als auch geistiger Art. Ja, da war als Erholung und krönender Abschluß ein Besuch im Greifenklau-Garten genau das Richtige: Bier und Brotzeit, der Blick auf die Altenburg eingeschlossen. Eine junge Sekretärin bestellte Sprudel. »Wos, a Wassä bestelln Sie?« sagte ihr Chef entsetzt. »Wissen Sie, wos do die Bamberchä däzu soong? Wassä konni net omol in meina Schuh leidn, donn örscht in mein Bauch!« Und er hielt ihr aufmunternd seinen Maßkrug hin: »Wenigstäns väsuung müssen Sie das Bier, des is fei a echta Bamberchä Spezialität, mit seim leichtn Rauchgschmack!«

Daran hatte das »höchste Tier«, der Ministerialdirigent, schon nach ein paar Zügen Gefallen gefunden. »Gell, dös is a untergärigs Bier, was ihr da habts?« fragte er mit Kennermiene die Kellnerin, indem er ihre wohlgeformte Rückseite tätschelte. Die Marri hatte keine Ahnung von ober- oder untergärig. Sie vermutete vielmehr eine Schlechtigkeit dahinter – no, halt wos Unkeuschs! Sie streifte unwillig seine Hand ab und erklärte voller Entrüstung: »Bei miä grigst a onständichs Bier, daß des waßt!«

ZÄ VILL SEX ODÄ ZÄ WENG?

Daß Sexualität bei den Häckern »a haaklichs Thema« war, habe ich schon in meinem ersten Buch mit der Geschichte vom »grünseidenä Untähösla« erzählt. Für einen Hollämöffl gibt's da kaum Probleme – um so mehr für die »Heiligen«, nicht die im Himmel (die haben's hinter sich): ehrä füä die, wus scho auf Erdn wern wolln. Des is goä net so einfoch, wal sie doch nuch net ganz vägeisticht sän, und wals aa nuch die Väführung gibt, durch klaana und großa Teufl! Ganz zufällich sän miä do in letztä Zeit a poä Gschichtla untäkumma. Ob do drin vo »zä vill« odä »zä weng« Sex die Red ist, des wärd ä donn scho sähng!

Im Pfarrzentrum der Oberen Pfarre probt die Frauenschola: zwölf – nun ja – reifere Frauen mit ihrem jungen Dirigenten. Für die Bittage wird die Allerheiligenlitanei noch einmal durchgesungen. Die einzelnen Abschnitte sind durch Ziffern gekennzeichnet. Der Chorleiter sagt irritiert: »Bei mir fehlt der Abschnitt arabisch sechs. Ist der auf Ihrem Blatte auch nicht angegeben?« Angestrengtes Gucken und Suchen bei den Sängerinnen. Darauf die Rettl: »Sex is out!« »Auf jedn Foll bei dä Älläheilinglitänei!« ergänzt die Ursel. Es gibt ein großes

Gelächter bei den Frauen, und Lachen bekommt dem Singen ja immer gut. Aber der junge Dirigent kriegt einen roten Kopf und wirkt verlegen. Darauf sagt die Rettl ganz unschuldig: Auf unsän Zettl hörts wirklich mit fünf auf und geht örscht mit siebn weitä!«

Am nächsten Tag ist Firmung. Auf dem Kirchplatz spricht mich eine Bekannte an: »Unsä frühäs Dienstmaadla, die Rosa, will scho die ganz Zeit, daß ich Ihna a Gschicht äzähl, die wu die Rettl aufschreibn soll!« Ich bin ganz Ohr: »Des woä kurz vorm Zweitn Weltkrieg, wus in dä Obän Pfarr nuch ka Heizung gebn hot und im Wintä saukolt woä. Mancha Leut hom ja bähaupt, des käm doher, daß untäm Chor die Quelln vom Löschn-Brunna entspringt – jednfolls woäs a feuchta Kält.

Om Sunntoch is dä Adl nein Pfarramt ganga, wie sichs ghöat hot. Eä woä a Kaulberchä Spaßvogl und hots faustdick

Bischofsfesttafel zur 900-Jahr-Feier der Bistumsgründung 1907

hintä die Ohrn ghottn, obä des hot na aa nix gänützt für sein Rheuma, des wu na orch gäzwickt hot. Die Sitzbänk worn eiskolt, und sei Schmärzn wern immä größä. Do geht grod die Pfarrschwester Lichthilde o sein Stuhl väbei, domols nuch jung, ›saubä‹ und schüchtän. ›Schwestä, Schwestä‹, schreit ä gädämpft, obä dringlich, ›ich will a Küssla!‹ Die Lichthilde werd feuerrot und flieht vor dera Väsuchung nei die Sakristei.«

Werden Sie jetzt auch rot, wenn gar noch von Telefon-Sex die Rede ist? Schrill und ausdauernd läutet mein Telefon. Ich stürze aus dem Garten ins Wohnzimmer, streife vorher die lehmigen Schuhe ab und meld mich »strümpfrich« und ein wenig atemlos.

»Ich möchte gern den Herrn Domkapitular Fromm sprechen – Sie sind doch sicher seine Haushälterin«, sagt eine ältliche Frauenstimme herablassend. »Domkapitular« antworte ich, »do sän Sie folsch droo. Wos hom Sie denn für a Numära gäwählt?« »... 666, und ich weiß genau, daß das die Nummer von Herrn Domkapitular ist, weil dreimal sechs vorkommt!« »Des gibts goä net, wal des nämlich unsä Nummä is!!« »Und Sie wissen die seinige nicht?« »Ich kenn zwoä den Herrn Domkapitular, obä sei Nummä waaß i net auswendich!« »Ach Gott, ach Gott, was mach ich bloß, wie komm ich an die richtige, wo ich doch so schlecht sehe!« jammert die alte Dame, so daß ich gar nicht anders kann: »Soll ich sie Ihna välleicht ausm Telefonbuch raussuung?« »Wenn Sie das für mich tun wollten!«

Und siehe da, die Nummer ist ganz ähnlich, nur hat sie nicht dreimal die Sechs, sondern nur zweimal. Die Dame bedankt und entschuldigt sich hundertmal: »Und wo ich doch so sicher war mit dreimal sechs!« Jetzt reitet mich ein kleiner Teufel, und ich kann es mir einfach nicht verkneifen: »Sähng Sie, ganz sovill Sex hot dä Hä Domkapitular halt doch net!«

Die vägesslich Kuni

Also, Sie werden's nicht glauben: Neulich suchte ich die Programmzeitschrift fürs abendliche Fernsehen und konnte sie nirgends finden, nicht an ihrem gewohnten Platz und auch nicht an anderen möglichen und unmöglichen Orten. Als ich später den Kühlschrank öffnete, um etwas zum Trinken herauszunehmen, da lag er drin, der »Gong«!

»Des gibts doch net«, lachte mein Mann, »sowos konn aa bloß diä passiän, bästimmt geht diä widdä a Gschicht im Kopf rum!« Ich mußte zugeben, es stimmte. Und ausgerechnet war es auch noch die Sache mit der vergeßlichen Kuni aus Gaustadt. Aber man sieht: Vergeßlichkeit ist nicht gleich Vergeßlichkeit, es kann auch bedeuten, daß die Gedanken mit ganz anderem beschäftigt sind. So wird's wohl auch bei der Kuni gewesen sein.

»Es is scho mehä als zehä Joä heä«, erzählte sie, »do is mei Abortdeckl zäbrochn. Brauchst net zä lachn, eä woä aus so lumpätn Plastig!« Die Kuni nahm sich vor, einen soliden, hölzernen zu kaufen und fuhr zu diesem Zweck nach Bamberg, parkte ihr Auto und ging zum Guck an der Schranne – umsonst! Auch bei Hertie und Honer war nichts zu finden, bis sie endlich in der Königstraße einen hölzernen Abortdeckel auftrieb. »Na naa, Sie braung net eizäpacken, ich lech na gleich nein Auto!« Aber auf dem Parkplatz hinter dem Geschäft war es nicht. »Dunnäwettä, wenni bloß wissät, wu i mei Auto higstellt hob!« Fast im Laufschritt rannte sie zur Promenade und merkte vor lauter Aufregung gar nicht, wie die Leute grinsten über sie und ihren Abortdeckel, den sie unterm Arm hatte. Aber auch hier war ihr Fahrzeug nicht. Sie konnte sich einfach nicht erinnern. Niedergeschlagen lief sie zur Schranne, umsonst. Die letzte Möglichkeit war der Katzenberg – und wahrhaftig, da stand's! Voller Freud legte sie den Abortdeckel aufs

Nach Gaustadt zu!

Autodach, sperrte auf und fuhr los. Als sie ihn daheim suchte, war er nicht da. »Obä ich hob doch an kaft, des waaßi bästimmt! Irchendwu mußi na välorn hom!« Ja, und wohin geht man, wenn man etwas verloren hat? Natürlich zum Fundbüro! Also machte sie sich am nächsten Tag auf den Weg.

»Is välleicht bei Ihnäna a Abortdeckl obgebn worn?« fragte sie den Beamten. Dem blieb beinah die Luft weg, und er fühlte sich »fei orch vääppelt«. Aber die Kuni schaut ihn so treuherzig an, und er merkt dann doch, daß es ihr ernst ist. »Guta

Fraa, bei uns froong die Leut nochm unmöglichsten Zeuch, wu sie angeblich välorn hom, manchä zägoä nooch ihäm Gabiß – obä nooch an Abortdeckl hot nuch kannä gfroocht! Välleicht is ä Ihna weggstohln worn, direkt vom Klosett!« »Naa, des woä doch a neuä, den wu i grod kaft hob!« »Och so, no donn gebn Sie miä mol Iha Adress, välleicht taucht ä nuch auf!« Mit dieser schwachen Hoffnung kommt die Kuni heim und merkt sogleich, daß sie ihre Handtasche vergessen hat – im Fundbüro!

Vor kurzem hab ich sie wieder einmal getroffen. »Wos denkst, wos miä passieät is?« fragte sie. »Widdä deä Abortdeckl?« rate ich. Nein, es war bei der Beerdigung einer Nachbarin, die sehr plötzlich gestorben ist, und dies war der Kuni recht nahe gegangen. »Und wie ich do nooch dä Beerdigung so ganz in Gädankn vo unsän Friedhof runtägeh, secht a Bäkanntä zu miä: ›Gell, Kuni, es hot so vill Bluma om Grob gebn, daßd deina widdä mit haamnimmst?‹ Tatsächlich hobi mein Nelknstrauß nuch in dä Händ. Und do fällt mers siedhaaß ei: Och Gottla, donn hobi ja mein Schirm nein Grob gschmissn!«

SCHWIEGERMUTTER, GESCHENKT

Um Schwiegermütter geht's heut also, werden Sie sagen, nicht gerade sehr originell, dieser geplagten Gattung auch noch eins draufzugeben, wie's seit eh und je geschieht. Aber als die Monika diese selbsterlebte Geschichte uns fünf Schwiegermüttern erzählt hat – ich selber bin eine vierfache –, haben wir so gelacht, daß ich Sie, ob Schwiegermutter oder nicht, auch dazu verführen möchte.

Ein junger Kaulberger Häcker hat ein Mädchen vom Land geheiratet, aus der Burgebracher Gegend. Natürlich wurde die »Hochzich« auf dem bäuerlichen Anwesen der Schwiegereltern ausgerichtet. Die ganz Verwandtschaft von Braut und Bräutigam war eingeladen. Weil die Wohnstube nicht ausreichte, wurden auch die angrenzenden Zimmer ausgeräumt. Wände wurden allerdings keine herausgerissen, wie man das von ländlichen Primizen her kennt – obä a weng a Unterschied muß ja schließlich sei! Von der gegenüberliegenden Wirtschaft hatte man sich Tische und Bänke ausgeliehen, und so saß die Kaulberger Verwandtschaft zusammen an einem langen Tisch, und für die Lina aus Unterneuses war auch noch Platz. Als der Herr Pfarrer eintraf, konnte das Mahl beginnen.

Hochzeitsgesellschaft in Birkach 1935

Zuerst wurden, wie sichs ghöät, aus der Küche große dampfende Schüsseln mit Leberklößsuppe auf die Tische gestellt. Sie duftete einladend, hatte goldgelbe Fettaugen und war appetitlich mit Schnittlauch bestreut. Die Klößchen waren gerade richtig, nicht zu fest und auch nicht zu weich.

Die Lina, a hilfsbereits guts Leut, erbot sich sogleich, während des ganzen Essens auszuteilen und ihre Tischgenossen zu bedienen. Eilfertig begann sie, die Suppe in die Teller zu schöpfen. Doch noch bevor er einen Teller Suppe versucht hat, fängt der Vetter Kaschpä am Nebentisch in bester Stimmung an, einen Witz zu erzählen. »Do woä amol a arms Bäuäla – des hots net so dick ghottn wie du«, sagt er augenzwinkernd zum Brautvater, der ja heute die »Zeche« bezahlen muß. »Derselbich hot an gutn Freund ghottn. Zä dem hot ä gsocht: ›Hans, du kummst immä, wenn i di brauch, du host mä scho so oft ausgholfn und Guts gätoo, daß ich dich amol wos schenkn möcht. Des derfst mä net obschloong. Vill ko ich dich ja net gebn, des waßt, obä ich hob do an dreibaanichn Hund, den schenk i diä! Mogst na?‹ Dä Hans hot gäzöchät, und dä Bauä hot gämärkt, daß ä net so rächt ziecht ... ›Mächt nex‹, soocht ä, ich könnät diä aa mei Schwiechämuttä gebn, die is in dä Kammä donebn. Schau sie diä holt amol oo!«

Wie die Lina das Wort »Schwiegermutter« hört – sie ist ja selber eine –, vergißt sie ganz aufs Schöpfen und hört gebannt und mit offenem Mund zu. »Also, dä Hans kummt aus der Kammern und secht, a weng verlegn, zu dem Bauän: ›Dädst mä välleicht doch dein dreibaanichn Hund zeign?‹«

Da brach die Hochzeitsgesellschaft in ein Gelächter aus, daß die ganz Stubn gäwagglt hot. Auch die Lina schüttelte es förmlich, und platsch! fiel ihr Gebiß in die fast noch volle Suppenschüssel und versank sofort darin. Da gab's noch einmal ein Extra-Gelächter, noch größer als das vorige. »Des derlebst aa net alla Dooch«, schreit der Kaschpä und patscht sich auf sein Schenkel, »a Suppn mit Biß und a Schwiechä ohna!« Am meisten lachten freilich die, die ihre Suppe schon im Teller hatten. Die Lina hot zwoä die Suppn mitn Gäbiß gleich naus die Küchn gätrong – obä mä waaß halt doch net!

»No sechtä«, hat die Monika zu uns gesagt, »wenn die Schwiechämuttä so übä sich selbä lachn, könna sie doch goä net so schlimm sei – jednfolls sän sie bessä als ihä Ruf!«

Lautä Blunzn?

»Hostäs denn im FT gälesn, etz kumma die villn dickn Figurn vo dem Botero doch nooch Bamberg«, sagt die Marri, meine Nachbarin, als wir uns nach dem Urlaub das erste Mal wieder sehen. »Naa, miä sän doch örscht gestän haamkumma, und ich hob den Zeitungsstoß nuch goä net durchgschaut«, antworte ich. Sie drückt mir einen ausgeschnittenen Artikel in die Hand: »Do steht alläs drinna und aa, wu sie aufgschtellt wern. Und a Foto vom Botero is aa dabei. Des is doch a ganz normalä, zägoä schlankä Moo – sooch amol, worum macht denn deä so dicka Blunzn?« »Des haaßt doch goä nix«, entgegne ich lachend, »fürn Karl Valentin hot die Schönheit vo aanä Fraa örscht bei zwaa Zentnä oogfangt, und deä woä doch ner so a Grischperla!«

»Alläs, wos rächt is«, sagt der Nachbar Michl, der gerade dazukommt, »ich siech aa gärn a saubäs Weibsbild – grod wenns nackät is.« Seine Frau gibt ihm einen Puff: »Bist leis, altä Gögä!« Aber er läßt nicht locker. »Dofüä hot mä in Bamberg scho immä wos übrich ghobt. Obä solcha Fleischmassn in Bronnse, des däschlächt an ja! Und wos zävill is, is aa do zävill. Unsä barockn Figurn sän ja aa net grod väschnitzt, ehrer üppich – obä des langt donn aa! Und wos deä Impresario vo unsrä Villa Massimo, no ja deä Hausmastä, der Goldmoo halt mit sein ›Mogst-mi-Mäschla‹, gsocht hot, des stimmt füä uns sichä net!« Der Michl nimmt mir den Zeitungsartikel aus der

Fernando Botero: »Europa« – Ob sie bleibt? Sitzfleisch hätt sie ja genügend.

Hand und liest vor: »Die Sehgewohnheiten der Leute liegen heute mehr im Abstrakten. Dies führt dazu, daß Künstler, die gegenständlich arbeiten, heute fast verfemt sind.« – »Also fürs Abschtrakta sän miä Bamberchä übähaupt net, mehrä fürs Hondfesta und Gegnständlicha!« »Des glaab i«, sag ich augenzwinkernd zum Michl, »du zän Beispill für a softicha Schweinshaxn und für a knusprichs jungs Maadla.« »Stell mich ner net goä so noo«, knurrt mein Nachbar beleidigt, »miä gfällt aa die weiblich Statue vorm Stodtbood – und des is doch aa Kunst – oddä? Und natürlich unsä Humsära, obä die is donn nebä die Botero-Figurn bloß nuch a Dreeg, so klaa und eesich!«

»Ich trau mich ja donn goä nimmä mit meina Enkäla nei die Stodt geh!« jammert die Marri, die von ängstlichem Gemüt ist. »Mä secht doch immä, sowos tät sich aufn zukünftichn Gschmock auswirkn!« »Ja so«, spotte ich, »du maanst, daß dei Enkltöchtä spetä donn auf übägäwichticha Supermännä fixieät sän!« »Brauchst mich goä net zä veräppeln, na naa, es is wechä die Kunst! Ich hob immä gädocht, die hot wos mit Schönheit zä doo!« »Des gilt doch scho seit hunnärt Joä nimmä«, gebe ich zu bedenken. »Etz sooch bloß, daß miä nuch ausm vorichn Johrhunnärt sän!« fährt der Michl auf. »Schau«, versuch ich ihn zu besänftigen, »der Botero is a ganz bäkanntä Künstlä aus Südamerga – und außädem kost uns doch die ganz Ausstellung kan Pfennich! Für Bamberg is des sozäsoong a gschenktä Gaul, des muß doch grod dir oldn Kniebohrä eileuchtn! Etz loß mä halt mol die Sach auf uns zukumma! Daß miä vo vorgestän sän, wolln mä uns doch net noochsoogn lossn. Und wal doch die Gädankn frei sän: Es is ja net füä immä und ewich – eines Doochs is alläs widdä wech! Und välleicht hommä uns donn grod droo gewöhnt und greina zägoä dena Blunzn nuch nooch! Maanst net aa?«

Allerlei Spatzen

Als alle Welt von den Botero-Plastiken in Bamberg sprach und sie besichtigte, reiste auch eine Freundin an, die in Bamberg die Schule besucht hatte. Kurz vor dem Abtransport, sozusagen in letzter Minute, machte sie einen Botero-Rundgang. »Es ist zwar alles etwas füllig, aber keineswegs unästhetisch«, fand sie. Und in den vertrauten Dialekt zurückfallend: »Auf jedn Foll is des a Trost füä alla Dickäla – thick is beautiful – odä so ähnlich!« Nur den beiden Torsi auf dem Domplatz konnte sie nichts abgewinnen, und zum »Spatz« meinte sie, übereinstimmend mit anderen Besuchern: »Deä sicht aus wie a Jumbo-Jet, wu grod zum Startn oosetzt!« Im allgemeinen verbindet man ja mit dem Wort »Spatz« etwas Kleines, Federleichtes und fast Unscheinbares – aber da fällt mir ein, daß es oft auf Menschen angewendet wird, auf die diese Eigenschaften auch nicht zutreffen.

Manuela, eine rundliche, für ihr Alter zu schwere Schulkameradin unserer Tochter, wurde von ihrer Mutter nur »Spätzle« gerufen, was den Spott unserer älteren Söhne herausforderte. »Hedi«, sagten sie zu ihrer Schwester, »des Spätzle kummt daheägsappt und will dich bäsuung!« Beim Mittagessen unserer Familie kamen auch immer die Schulerlebnisse auf den Tisch. »Also, die Bum in unsärä Klass sän välleicht dumm – und frech sowieso«, beklagte sich die achtjährige Hedi eines Tages, »heut hom sie dä Manuela immä ›fettä Sohn‹ nochgschriea! Des paßt doch übähaupts net, wal sie doch a Maadla is!« Ihre Brüder schauen sich an und klären dann ihre Schwester lachend auf. »Des mußt folsch ghöät hom, des hot doch ›fetta Sulln‹ ghaaßn!«

»Obä mei Spatzl derfi doch mitbringa?« fragte ein Kollege meines Mannes, den wir zum Grillen in den Garten eingeladen hatten. Wir waren gespannt auf seine Freundin, das uns unbekannte Spatzl. Es entpuppte sich als eine große, schwergewichtige Dame mittleren Alters mit sehr buntem Gefieder, also mehr a Blunzn. Wie mochte sie wohl zu ihrem Kosenamen gekommen sein? Der Frauenheld Monaco-Franze und sein Spatzl waren damals ja noch unbekannt – es war die Zeit der Mini-Röcke, der ersten wackligen Garten-Grills und der billigen Campingstühle. Beim Essen entwickelte das Spatzl ungeahnten Appetit. Ihr Freund tat noch das Seinige und lud die Hälfte des fertigen Grillguts auf ihren Teller. Dauernd ermunterte er sie. »Los Spatzl, iß! Zu, Spatzl, trink fest!« »Daß wos aus diä werd«, brummte unser Ältester und bekam prompt unterm Tisch einen Tritt ans Schienbein.

Fernando Botero: Spatz

Mit vollen Backen kauend, sprach man über die schlechten Zeiten während und nach dem Krieg. Ich erzählte, wie notgedrungen sparsam es vor 100 Jahren bei den Häckern zugegangen sei, und zitierte – ironisch, ich geb's ja zu – einen Ausspruch meiner Großmutter. »Eßt Leutla, eßt, es sän meä Klöß draußn! Ich will ja gärn Hungä leidn, wenn nä ihä sodd werd!«

Trotzdem lachten die Häcker über eine Geschmacksverirrung, die auch etwas mit Spatzen zu tun hat, nämlich mit denen, die man zu Linsen ißt. Noch nach 50 Jahren spottete man über das Abendessen einer Häckerfamilie. Da hatte es tatsächlich Brot gegeben, das mit Resten kalter, aufgeschnittener Mehlklöße, also Spatzen, belegt war. »Alläs, wos rächt is, obä bei dena woä des scho deä blank Geiz!«

Als das Spatzl gerade seinen Krug zu einem festen Schluck ansetzte, machte es plötzlich ratsch, und der Stoff des Gartenstuhls – eä woä scho rächt mörb – riß mittendurch. Das Spatzl krachte hinunter, blieb aber, dick wie es war, im Gestänge hängen, zwischen Himmel und Erde eingezwängt. Unsere Jüngste, vierjährig, betrachtete fasziniert die üppigen Schenkel der Frau – ihä Miniklaadla woä naufgärutscht – und sagte in aller Harmlosigkeit: »Mama, des Spatzl is obä aa a fettä Sohn – odä haaßts fetta Sulln?«

HOLZSCHUHE IN ES-DUR

»Und Sie sind wirklich seit Ihrer Geburt blind?« wurde Josef Dohlus von einer Dame gefragt, die sein Orgelspiel bewunderte. »Dann haben Sie also noch nie eine Eisenbahn, ein Auto oder ein Flugzeug gesehen?« Als er verneinte, meinte sie enttäuscht: »Und ich habe Sie immer für einen gebildeten

Menschen gehalten!« Das konnte der »blinde Künstler«, wie er in Musikkritiken immer wieder genannt wurde, ohne eine Spur von Selbstmitleid und sogar belustigt erzählen.

Vor 30 Jahren, am 9. Juli 1969, starb Josef Dohlus, nachdem er fast vier Jahrzehnte die Orgel der Oberen Pfarre gespielt hatte. Heute ist es zwar nicht mehr denkbar, aber in die Gottesdienste der dreißiger und vierziger Jahre paßte es genau: sein leises, glöckchengleiches Präludieren mit der Vox celistis während der Wandlung ebenso wie seine einfühlsame Untermalung, wenn der Priester die lateinische Präfation oder das Paternoster sang. Er war auch ein virtuoser Cellist: Kaum gab es eine Hochzeit in der Oberen Pfarre, bei der er nicht mit edlem, breitem Bogenstrich das Largo aus »Xerxes« von Händel spielte, und auch bei Konzertreisen, die ihn bis Wien führten, fand er ein begeistertes Publikum. Zusammen mit seiner Frau gründete er den »Caecilianischen Chor« und war hier eine Säule des Basses. Ich sehe ihn noch vor mir, wie er, als einziger unter den Sängern auf einem Stuhl sitzend, seine Fingerspitzen über das Notenblatt in Blindenschrift gleiten ließ. Während er mit mächtiger Stimme sang, bewegte sich die Iris in seinen blinden Augen unablässig.

Er traf immer den richtigen Ton, hatte er doch das absolute Gehör, und das stellte er oft unter Beweis. Einmal ging er, als es klingelte, an die Stiege im Organistenhaus und sagte zu dem jungen Mädchen, das in »Holzklapperern« (so hieß der Schuhersatz im Zweiten Weltkrieg) heraufkam: »Grüß dich Gott, Gunda, du hast doch heut keine Klavierstund?« Die war ganz verdattert. »Ja wuheä wissen Sie denn, daß ich des bin?« »No, des habn mir deine Holzschuh verratn – die klappern nämlich auf unserer Treppn in Es-Dur!«

Jeden Morgen vor der ersten Singmesse ging Josef Dohlus allein über den Kirchplatz, nur mit seinem Stock, den er taktsicher auf das Kopfsteinpflaster stieß. Er steuerte auf die Sakristei

Für viele unvergessen: Josef Dohlus an der Orgel der Oberen Pfarre.

zu, um die Lieder für den Gottesdienst abzusprechen. Häufig traf er dort den blinden Pfarrer Mohren an, der für eine »stille Messe« am Seitenaltar angezogen wurde. Dohlus erkannte ihn wie jeden, mit dem er einmal zu tun hatte, an der Stimme. Der Geistliche war erst im Lauf seines Lebens blind geworden und verfügte nicht über die gleiche Sicherheit wie Dohlus – außerdem besaßen beide wenig Gemeinsamkeiten. Zu Hause erzählte der Organist seiner Frau: »Du, der Mohren war heut wieder in der Sakristei! Stell dir vor, der hat mich gar net angeschaut!«

Der Musiker hatte den kernigen Humor seines heimatlichen Frankenwaldes. Er spürte sogleich das Komische einer Situation und war kein Kind von Traurigkeit. Herzlich lachen konnte er über die Marotte eines Kollegen, von der er seinen Orgelschülern erzählte. Damals gab es noch die monatliche Standeskommunion. Waren die Frauen an der Reihe, so intonierte dieser Organist das Lied »Kommt her, ihr Kreaturen all«. Gingen aber die Männer zur Kommunionbank, so konnte man hören: »Kommt herab, ihr Himmelsfürsten!« Als Kommentar fügte er lachend hinzu: »Ich hätt ja in dem Fall ›strenger Richter aller‹ oder noch besser – ›alter Sünder‹ für richtiger ghaltn!«

Am Kaulberg konnte man dem Ehepaar Dohlus täglich begegnen, bei Einkäufen oder Spaziergängen. Josef, Arm in Arm mit seiner Gattin Anny, einer großen, stattlichen Frau, die ihn unauffällig und geschickt dirigierte. In den 50 Jahren, in denen sie als Chorleiterin und später auch Organistin unter fünf Pfarrern Dienst getan hatte, konnte sie sehr energisch ihre Meinung vertreten und wußte sich Geltung zu verschaffen.

Sonntags wanderte das Ehepaar gerne auf den Waizendorfer Keller. Selbst kinderlos, setzten sie sich zu Bekannten und nahmen das fünfjährige Fritzla zwischen sich. Der Kleine saß eingezwängt zwischen den zwei mächtigen Gestalten. Jedesmal, wenn er zum Spielen ausschlitzen wollte, drückte ihn Dohlus' Hand sanft, aber unerbittlich auf seinen Platz zurück: »Wo willst denn hin, Fritzla, bleib doch da!« Es machte ihm einfach Freude, ein Kind neben sich zu spüren. Da kam dem Fritz eine Idee. Seine Schwester hatte sich nämlich als Ferienvergnügen ausgedacht, bei den verschiedensten Verwandten und Bekannten zu übernachten; ein anderes Zimmer, ein anderes Bett und ein anderes Frühstück – das war doch fast wie eine Urlaubsreise, die es damals in den Kriegsjahren ja nicht gab. Aber das Fritzla hatte noch niemand eingeladen. So nahm es all seinen Mut zusammen und zupfte Anny Dohlus am Ärmel: »Sooch, derfi amol bei diä schlofn?« Als ihr Mann das hörte, brach er in schallendes Gelächter aus, das nicht enden wollte, und noch Jahre später, wenn er merkte, daß der Fritz in der Nähe war, fragte er jedesmal: »Sooch, Fritzla, willst immä nuch bei meinä Fraa schlofn?«

Der Pfarrer vom Kaulberg

Er wohnte im Schatten der Oberen Pfarre, mit der ihn vieles verband. In seiner gemütlichen Wohnstube in der Eisgrube lag er im Sessel, geistig lebhaft wie eh und je, »bloß die Knie machn halt goä nimmä mit« – Pankraz Bäuerlein, bis 1978 Pfarrer der Oberen Pfarre, der am 26. August 1999 im Alter von 90 Jahren starb. Bäuerlein war »Burgkaplan« der Altenburg, Ehrenpräses der KAB und Träger des Bundesverdienstkreuzes, als er 1978 in den Ruhestand ging: »Das war gleichzeitig das Ende einer Ära in der Oberen Pfarre seit Augustin Schellenberger, denn von da an wurde die Seelsorge den Karmeliten anvertraut!« Auf meinen Wunsch erzählte er mir aus seinem Leben, und da ist manches, was aufhorchen läßt, weil es so anders anmutet, als es heute üblich ist.

Am 2. Januar 1909 in Kübelstein geboren, verlebte er im Kreis der Dorfjugend eine »herrliche Kindheit«. Während des Ersten Weltkriegs durfte der Boola (= kleiner Pankraz) als Sechsjähriger seine Mutter nach Bamberg begleiten. Sie gingen zu Fuß von Kübelstein nach Scheßlitz und fuhren dann mit dem »Schäätzer Boggäla« nach Bamberg. Die Bekannten, die sie besuchen wollten, wohnten am »Altenburger Weg«. Die Mutter packte Eier, Butter und Dörrfleisch aus, willkommene Mitbringsel in der Kriegszeit. Dann wurde ihnen Kaffee und Kuchen angeboten. Dem Pankraz schmeckte es, und die Gastgeberin fragte. »Mogst net nuch a Stückla Kuung?« Der schüttelte den Kopf: »Naa, obä mein Vorrä tät i gern aans mit haambrenga!«

Als eines Tages der Pfarrer im Religionsunterricht fragte, ob einer der Buben Lust zum Studieren hätte, meldete sich Pankraz spontan. Der Vater hätte zwar lieber einen Knecht gehabt als einen Studenten, aber die Mutter sah in ihrem Sohn schon den zukünftigen Priester.

Zunächst einmal mußte der Boola die Aufnahmeprüfung fürs Gymnasium bestehen. Sein Pfarrer gab ihm Stunden, hauptsächlich in Grammatik. Auf dem Jura gelten ja andere Gesetze, was den dritten und vierten Fall betrifft: Ich gib dich – du gibst mich. Aber der Bub war intelligent, und das sollte schon noch zu korrigieren sein. »Also, Pankraz, bilde jetzt einen Satz mit ›schenken‹. Der Bub überlegte ein Weilchen. Geschenkt bekam man in dem einfachen kleinen Dorf kaum etwas, wie man umgekehrt auch nichts zu verschenken hatte. Da kam ihm eine Erleuchtung. ›In der Wirtschaft schenkt die Kellnerin das Bier ein!‹ Die Pfarrerköchin verließ mit einem Lachanfall die Stube, und auch der Pfarrer schmunzelte.

Wenn damals ein Bub aus dem Dorf studierte, war die einzige in Frage kommende Laufbahn die theologische. So kam Bäuerlein 1922 ans Ottonianum nach Bamberg, das sich, ebenso wie das Priesterseminar, im jetzigen Rathaus am Maxplatz befand. Anfänglich von großem Heimweh nach seinem Dorf geplagt, hielt er durch bis zur Priesterweihe 1935. Als er den

Primiziant Pankraz Bäuerlein mit drei Primizbräutla

Generalvikar zu fragen wagte, wohin er denn geschickt werde, erhielt er die Antwort: »Sie werden am geschicktesten dort sein, wo wir Sie hinschicken!«

Das bedeutete für Bäuerlein zwölf Kaplansjahre an sechs verschiedenen Stationen (Lahm, Hannberg, Trunstadt, Seinsheim, Nürnberg, Hof). Jetzt kommt der Geistliche Rat wieder lebhaft ins Erzählen: »Heutzädooch wern die junga Geistlichen ja scho fast Pfarrer, nuch bävoä sie gäweiht wern – und a Auto hom sie sowieso! Als ich 1936 von Seinsheim als zweiter Kaplan an die Frauenkirche in Nürnberg versetzt wurde, setzte ich mich auf mein Sachs-Motorrad und knatterte los, in Richtung Nürnberg. Ich kannte die Stadt überhaupt nicht und erreichte endlich Fürth. Es wollte kein Ende nehmen, denn ich wartete immer auf eine Lücke zwischen beiden Städten. Endlich wagte ich es, einen Verkehrspolizisten, der auf einem Postamentla stand, zu fragen: ›Wie komme ich nach Nürnberg?‹ Er schaute mich an, als ob er mir an die Gurgel springen wollte. ›Ich war noch nie da!‹ ›Mann, Sie sind mitten in Nürnberg, am Plärrer!‹«

Bald bekam er dort als Kaplan eine eigene Wohnung und brauchte eine Haushälterin. Da mußte die damals 14jährige Schwester Babette aus Kübelstein herkommen und ihn versorgen und allmählich in ihre Rolle hineinwachsen. Zusammen mit Kusine Rosalie betreute sie bis zuletzt liebevoll ihren Bruder. Seine erste Pfarrstelle war in Schwürbitz, und er freute sich alljährlich schon auf das Ständchen, das die von ihm gegründete Blaskapelle zum Geburtstag bringen würde.

1963 wurde er Pfarrer der Oberen Pfarre. Ein Berg von Aufgaben lag vor ihm: Auf dem Ruinengrundstück am Frauenplatz wurden das Pfarrzentrum und die Mesnerwohnung gebaut. Kaum vollendet, wurde er vor die Alternative gestellt, die von Bombeneinwirkungen baufällige Kirche entweder zu schließen oder zu restaurieren. Eines Sonntags während des

Pfarrgottesdienstes war der damalige Kultusminister Hans Maier anwesend. Während der Predigt gab es ein fürchterliches Klappern und Klirren. Der Wind hatte im Chorumgang ein ganzes Fensterfeld eingedrückt, das Glas polterte herunter und zersprang auf dem Fußboden. Bäuerlein hielt in seiner Predigt kurz inne und kommentierte: »In dieser Kirche ist ja alles locker! Hier kann man sich nur mit dem Stahlhelm sicher bewegen.«

So wurde dem obersten Chef der Denkmalpflege anschaulich klar, daß Gelder zur Restaurierung fließen mußten. Sie sollte mehr als zehn Jahre dauern und den Pfarrer viel Kraft kosten, aber auch sein kunstgeschichtliches Wissen zum Tragen kommen lassen. Er ließ auch nicht locker, bis im neuen Stadtteil Südwest – noch vor der Kirche – der Bau des Kindergartens ermöglicht wurde. Und das in einer Zeit des Wandels und des Umbruchs in der Kirche! Einerseits mußten die Forderungen des 2. Vatikanischen Konzils in die Praxis umgesetzt werden, andererseits sollten die Traditionen der Muttergottes- und Häckerpfarrei nicht verloren gehen.

Bei all dem verlor Pankraz Bäuerlein selten seine Gelassenheit und seinen Humor – und den fränkischen Originalton schon gar nicht. Bei einem Predigtgespräch mit Kindern zur Erstkommunionvorbereitung erklärte er das Evangelium: »Und Jesus sprach zu ihnen – du do hintn, wennst nuch a weng mit dein Schirm rumfuchtlst, fängst gleich aana vo miä!«

Mit einer goldenen Kelle

Gänzlich unbemerkt von der Öffentlichkeit und sehr leise hat eine alte Bamberger Tradition aufgehört zu bestehen, deren Anfänge bis ins 13. Jahrhundert zurückreichen: die Maurer- und Steinhauerzunft. Aber erst 1680, als nach den Wirren des 30jährigen Krieges in Bamberg wieder die Normalität eingekehrt war, wurde eine ausführliche Zunftordnung geschaffen. Mitglieder dieser Zunft waren die Maurer- und Steinhauergesellen; der »1. Fürstand« und nach Möglichkeit auch der zweite sollten Meister sein, die anderen Meister galten als Ehrenmitglieder.

Schon 1687 konnte von ihren Beiträgen bei dem Bamberger Bildhauer Joseph Heußler eine Statue des Zunftheiligen Michael bestellt werden. Fanden sie die Gesellen nicht eindrucksvoll genug? Oder fehlte zunächst das Geld? Jedenfalls wurde sie zwei Jahre später noch verschönert durch einen Federbusch auf dem Helm des Engels und die Flügel des besiegten Luzifer. In der Zunftchronik wird erwähnt, daß Johann Leonhard Dientzenhofer, damals »Balier« und in Bamberg wohnhaft, sich der Zunft zugehörig fühlte und einen Gulden zu dem Bildwerk beisteuerte. Er hat fast gleichzeitig nach den Plänen seines Bruders Georg die Martinskirche gebaut und später als »hochstiftlicher Baumeister« die Neue Residenz.

Von Anfang an stand die Statue des heiligen Michael in der Oberen Pfarre; bei Prozessionen wurde sie von den Zunftmitgliedern getragen, begleitet von wunderschönen Stäben, die jetzt im Diözesanmuseum stehen. Weiterhin besaßen die Maurer und Steinhauer eine kostbare silberne, mit Gravuren geschmückte Kelle, die ihnen vom Fürstbischof von Franckenstein geschenkt worden war und heute im Historischen Museum aufbewahrt wird. Der Überlieferung nach wurde mit ihr der Schlußstein zur Seesbrücke, zur Universität in der Au

Die Statue des heiligen Michael in der Oberen Pfarre

und zum Alten Krankenhaus gesetzt. Alljährlich beging die Zunft am Sonntag nach Michaeli (29. September) einen feierlichen Gottesdienst in der Oberen Pfarre. Meister Adam Kleinlein, der letzte Vorstand, kann sich noch daran erinnern, daß man in den 20er Jahren mit einer Blaskapelle vom Vereinslokal »Hopfenhalle« zum Kaulberg zog. Während des Gottesdienstes war dann ein dreimaliger Opfergang vorgeschrieben. Die Gesellen und Meister schlüpften vom Chorumgang durch die Seitentüren des Altars und legten ihr Opfergeld – es mußten Silbermünzen sein – auf einen silbernen Teller am Altar. Auch der Patenverein, die Zimmerer- und Schieferdeckerzunft, war eingeladen. Nach dem Gottesdienst wünschte der Pfarrer allen jedesmal einen »schönen Frühschoppen«. »Deä wenn wissät, daß deä bis heut ohmd dauät und donn in an Dämmäschoppn übägeht!« schmunzelten die Eingeweihten.

Bei dieser Gelegenheit gab's natürlich viel Zeit zum Reden, und es wurden auch allerhand Stückla von früher erzählt – über Meister, Geselln und Lehrlinge. »Do woä doch dä Maurämastä Fromm, ihä wißt scho, deä wus immä so schöö mit die Pfarrä gäkönnt hot!« Als eines Tages ein neuer Pfarrer an die Obere Pfarre gekommen war, grüßte er ihn ehrerbietig auf dem Kirchplatz und begann ein religiöses Gespräch. Es war um 1930, und Rezession und Arbeitslosigkeit waren groß. Der Fromm, obwohl sehr vermögend, war hinter jedem Auftrag her wie der Teufl hintä aanä arma Seel. Er wußte, daß die Pfarrgartenmauer repariert werden mußte, und sprach den Geistlichen demütig darauf an. Dabei fiel ihm ein Rosenkranz aus der Hosentasche. Im Kirchenrat machte sich der Pfarrer prompt dafür stark, daß der ehrliche und treukatholische Fromm diesen Auftrag erhalten sollte. »Och deä arm Moo«, sagte der Kirchenrat Schorsch ironisch, »is na välleicht widdä mol sei Rosäkronz aus dä Taschn gfalln?«

»Frühä hommä doch die Lehrling immä so schöö drookriecht«, erzählt der Franz: »Michl«, hot do amol dä Polier zum neua Lehrling gsocht und hot sich hintäm Ohr gäkratzt,

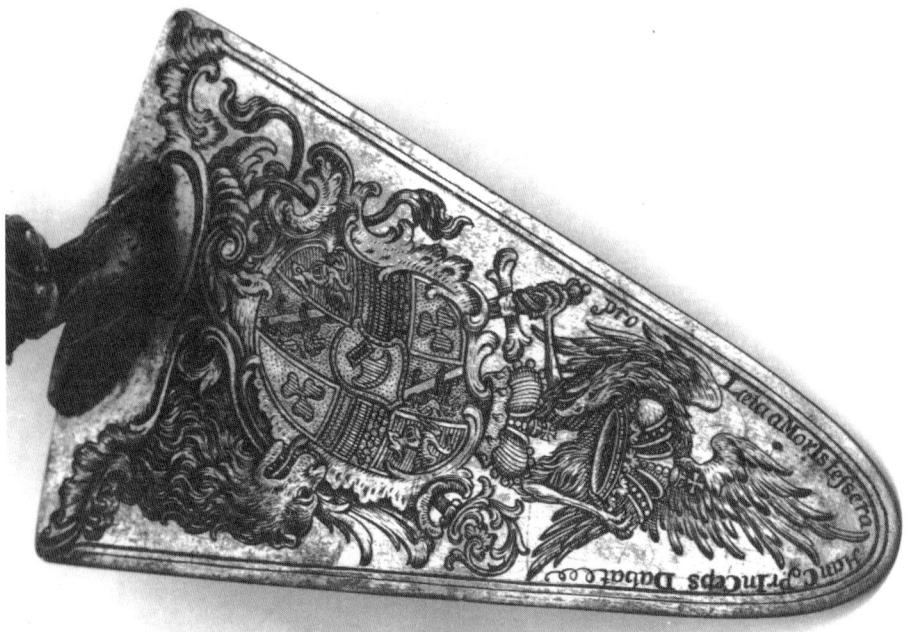

Die silberne Kelle der Maurer- und Steinhauerzunft aus dem Historischen Museum

»heut hommä die ›Rundbognschnur‹ vägässn! Geh mol haam zum Mastä und hol sie!« Der Michl geht brav zum Bauhof und trifft den Chef auch wirklich an. »Ich söll die Rundbognschnur holn, hot dä Polier gsocht.« Der Meister schaut ihn groß an und fragt: »Wie long bist denn etz scho bei uns?« »Vieä Wochn.« »Ja donn«, sagt sein Lehrherr und lacht a weng auf die Stockzäh, »mußt halt a bißla wartn, do brauchst doch aa nuch den Zubehöä!« Gegen das Warten hat der Michl nix – do geht a Stück Arbeitszeit rum. Obwohl der Kapo erst neulich gesagt hat: »Feiäohmd machn, pünktlich wie die Maurä – des tät etz ehrä füä die Beamtn passn!«

Der Meister kommt zurück mit einem zugebundenen alten Zementsack, der ziemlich schwer zu sein scheint und aus dem ein gebogenes Stück Draht herausschaut. Der Michl schlaaft den Sack den weiten Weg zur Baustelle und stellt ihn schnaufend vor den Polier hin: »Do is sie, die Rundbogenschnur!« »Machs nä gleich selbä auf«, sagt der bedeutsam. Doch im Sack sind zerbrochene Backsteine, Zementstücke und ein rostiger Draht. Und plötzlich stehn die ganzen Bauleut um den Michl herum und fangen an zu lachen. Deä kriecht an rotn Kopf und als Trost vom Polier a Fläschla Bieä zuä Brotzeit!

Auch vom Reesä, einem zünftigen Maurergesellen, war schließlich die Red. Er hatte bis ins hohe Alter gearbeitet und ist nun schon mehr als 20 Jahre tot. In seinen letzten Wochen lag er in einem Saal des alten Krankenhauses und wußte, daß er nicht mehr lange zu leben hatte. Dank der Fürsorge einer frommen Vinzentinerin, die ihn pflegte, hatte er auch die Sterbesakramente empfangen. »So«, sagte sie aufatmend zum Reesä, »jetzt haben Sie's bald überstanden, freuen Sie sich! Und wenn Sie dann ›drüben‹ sind, dürfen Sie mit einer goldenen Kelle mauern!« Da merkt sie, wie der Reesä trotz seiner Schwäche recht ungehalten wird. Mit seiner rauhen Maurerstimme sagt er: »Wos, do drübn muß mä aa ärbän? Do scheißi doch drauf!«

ICH GRATÄLIER DICH ZU DEIN DOOCH

»Ich gratälier dich zu dein Dooch« – dieser Wunsch war früher in Bamberg sozusagen eine feststehende Formel, an die noch »daßd long läbst und gsund bläbst« angehängt wurde. Und dies zum Namenstag, nicht zum Geburtstag, der auf dem Kaulberg kaum gefeiert wurde – es sei denn ein hoher, runder, so vom siebzigsten an aufwärts. Die Heiligenfeste der gängigsten Namen kannte jeder. So wurde an Kunigund, Josefi, Georgi, Johanni, Heinrich, Margaret, Anna, Michaeli, Kathrein und Barbara den Namensträgern auch von Nachbarn und Bekannten gratuliert, oft beim Grüßen über die Straße. »Gäburtsdooch hot jeda Kuh«, sagten die Häcker, der richtich »Dooch« war also der Namenstag.

Die Statue des heiligen Josef in der Oberen Pfarre

Eine Ausnahme machte allerdings der Totengräber Spreng, ein Kaulberger Original, der immer gut aufgelegt war und wie das blühende Leben aussah. Als Freund guten Essens und Trinkens, rotbackig und mit einer glänzenden »Plattn«, trug er seinen Gänse- und Entenfriedhof, sprich: Bauch, stolz vor sich her. Eines Abends ging er von seinem Haus unterhalb der Laurenzikapelle zur Schenke vom Kaiserwirtskeller gegenüber, um sich einen Krug Bier zu holen. »Heut feiä ich mein 16. Geburtsdooch, ganz füä mich allaa«, sagte der 64jährige zur Wirtin, die ihn ungläubig anschaute – aber er war doch am 29. Februar geboren!

Eine andere Kaulbergerin, die Anna, hatte in die Untere Gärtnerei geheiratet und sich dort recht gut eingelebt. So erzählte ihr der Nachbar Kunnä freudestrahlend über den Zaun des Hausgartens, daß ihm heute ein Enkel geboren worden sei. Der Gärtner hatte nur eine Tochter, deren Mann im Zweiten Weltkrieg in Rußland Soldat war. »Mä waaß ja net, ob sei Voddä übähaupt widdäkummt«, sagte er nachdenklich. »Etz hommä doch an Stammhaltä – und ich soll Boodla wern«, und er strahlte über das ganze Gesicht. Nach ein paar Tagen fragte die Anna ihren Nachbarn, ob dä klaa Kunnä denn scho gätaaft wär. »Nix is mitn klan Kunnä«, stieß der Gärtner hervor. »Och Gottla, es wärd doch dem Bobbäla nix passieät sei?« »Na naa, obä mei Nomä woä net gut gänuch für den Bum! Hot mä scho so was ghöät: Mampfred haßt dä Klaa! Des soll a Noma füä an Gärtnä sei, Mampfred!«

Die Anna konnte seinen Zorn nicht ganz verstehen, bis ihr eine Reaktion ihres eigenen Vaters, des Häckers Simon, einfiel, die viel schärfer gewesen war. Wenn es um seinen Namen ging, da kannte er nichts! Nach dem Ersten Weltkrieg wurde er ebenfalls Pate seines ersten Enkels, der auf den Namen Simon Josef getauft wurde: Der zweite Name war als Rufname gedacht. »So, so, däs Josefla«, sagte der Großvater jedesmal, wenn er den Kleinen sah, und es klang absolut nicht zärtlich, eher grimmig. Als er größer wurde, schickten ihn die Eltern auf den Kaulberg, damit er seinem Paten gratulierte. Das tat er dann auch brav und übergab dem Großvater a Blumastöckla und a Kistla Zigarrn. Dann wagte er zu sagen, daß er heute ja auch Namenstag habe. Natürlich hoffte er auf ein kleines Geschenk oder ein Geldstück. »Heut hommä den 28. Oktobä, und heut is Simon und Juda«, dröhnte der Großvater, »und do willst du Nomäsdooch hom? Wie haßt denn du?« »Josef!« »So, donn geh nuntä nei die Obä Pfarr, do steht dä heilich Josef und loß dä vo dem wos gebn – ich bin do net zuständich!« Aber wenigstens die Großmutter war's und steckte dem Buben heimlich etwas zu.

Wenn der Simon erst erlebt hätte, wie sein Urenkel mit dem Namenstag umging! Mitte der fünfziger Jahre war das Feiern des Geburtstags zwar stark im Vormarsch, aber das konnte ja damals ein Dreijähriger nicht wissen. Die Mutter hatte dem kleinen Wolfi einen kurzen Glückwunsch beigebracht, den er seinem Vater aufsagen sollte. Josefi war damals noch gesetzlicher Feiertag, und die Eltern hofften, ein wenig länger schlafen zu können. Aber um sechs Uhr war der Sprößling wach und hatte nichts Eiligeres zu tun, als seine Eltern aufzuwecken. Die Mutter machte ihm immer wieder Zeichen, er solle dem Papa gratulieren – er wollte partout nicht. Sie flüsterte ihm den Wunsch noch mal ins Ohr: »Ich bin klein, mein Herz ist rein, Papa, du sollst glücklich sein!« Aber er schüttelte nur den Kopf. »Bist du aber ein Bock«, sagte die Mutter seufzend und gab es auf. Doch als niemand mehr damit rechnete, schnellte der Wolfi plötzlich in seinem Gitterbett hoch, rief zum Bett seines Vaters hinüber: »Gratulotier, alter Bock!« und verkroch sich schleunigst wieder unter seiner Decke.

ZELTLAGER-ERINNERUNGEN

Schon lange hatte mein jüngerer Sohn Uli darauf gewartet, es seinem großen Bruder gleichzutun und ein Zeltlager mitzumachen. Was hatte er nicht alles darüber gehört von Freunden! Jetzt endlich, als frischgebackner neunjähriger Ministrant durfte er als Jüngster für acht Tage mit in den Frankenwald fahren.

Der Zeltplatz lag auf einer Waldwiese, in der Nähe befand sich eine Baumschule. Der Besitzer hatte sich bereiterklärt, die Lichtung den Ober-Pfarr-Ministranten zu überlassen: Als Gegenleistung sollten sie in der Baumschule das Unkraut jäten. Der Robert brachte es fertig, gleich beim ersten Mal zehn junge Bäumchen mit herauszuziehen, weil er sie für Unkraut hielt. Daraufhin wurde ihm das »Privileg« des Jätens ein für allemal entzogen. Hot äs vielleicht drauf oogälecht?

Gleich am zweiten Tag erhielten wir einen Anruf, daß man die Marmelade vergessen hatte. Das war damals – in den sechziger Jahren – ein Hauptnahrungsmittel im Zeltlager: Marmeladenbrote zu jeder Tageszeit, Grießbrei mit Marmelade usw. Also packte ich einen großen Korb voll mit Erdbeer-, Pfirsich- und Zwetschgenmarmelade, die allerdings – ich geb's ja zu – noch vom Jahr vorher stammte und schon ein bißchen eingetrocknet war. Dann luden wir die beiden Omas zu einer Tagesfahrt in den Frankenwald ein und fuhren los. Mühsam fragten wir uns schließlich zum Lager durch und hatten es noch nicht betreten, als schon unser Sohn vor uns stand und mit finsterer Miene fragte: »Wos wolltn ihä do? Heut is fei ka Elternbesuchsdooch!« Unser Kommen war ihm anscheinend arg peinlich. »Miä wolln doch bloß die Marmälad bringa«, sagte ich entschuldigend, »und wolln übähaupt net störn. Miä fohrn aa gleich weitä!« »Och so!« »Välleicht konnst den Korb ausleern und gleich widdä bringa!« Danach suchten wir schleunigst das

Weite. Die beiden Omas wunderten sich über ihren Enkel: »Wos hotä denn? Eä is doch sunst net so!« Viel später erzählte uns der Uli, daß er die ganze Woche unter schrecklichem Heimweh gelitten habe und am liebsten mit uns heimgefahren wäre – aber das sollte auf keinen Fall jemand merken!

Nach dem Zeltlager äußerten sich übrigens alle Ministranten begeistert über die Marmelade – mit einem Lob, das für eine Hausfrau eher vernichtend war: »Wal unsä Süßigkeitn vo däham so schnell gessn woän, hommä immä a Bätzla vo dera Marmälad gänumma und drauf rumgäkaut. Des woä fast wie a Gummibombom!«

Es war damals üblich, daß ein Alumnus, der aus der Pfarrei stammte, das Zeltlager leitete. Die großen Ministranten hat-

Gottesdienst im Ministrantenzeltlager der Oberen Pfarre 1982

ten ihre eigenen Vorstellungen vom Lagerleben, und so schloß sich Uli in seinem Heimweh an den diesjährigen Priesteramtskandidaten Winfried an. Der war sich für keine Arbeit zu schade, aber merkwürdig: Immer wenn er Hilfe brauchte, war »zufällig« von den Großen niemand da. Entweder sie mußten dringend auf den »Donnerbalken« oder sie waren weit weg zum Holzsammeln. Und dann gab es ja noch das Alibi Baumschule. Nur der Kleine war in der Nähe, und es lief jeden Tag gleich ab. Winfried spornte ihn an. »Uli, wir müssen Brote schmieren!« »Bitte, trockne ab!« »Uli, heut haben wir viele Kartoffeln zu schälen!« Uli schälte und schälte, zum Trost schnitzte er Männla aus den Kartoffeln, die er selber essen wollte.

Doch irgendwann war auch diese Woche zu Ende. Uli saß schmutzig, aber glücklich zu Hause in der Badewanne, und die Mutter schrubbte seinen Rücken. »Du, Mamma«, fragte er, »wenn dä Winfried gäweiht is, geht ä donn wirklich zu die Nechä noch Afrika?« »Ja, nadürlich.« »Zu die Heidn?« »No freilich.« »Und do bleibtä donn füä immä?« »Ja, ich denk scho!« Da seufzt der Uli tief: »Och Gott, die arma Heidn!«

HABEMUS BABAM

Alles fing ganz harmlos an. Der Kaplan hatte in den sechziger Jahren für die Jugend der Oberen Pfarre einen Filmclub ins Leben gerufen. Und da zeigte er eines Abends einen Streifen über die Papstwahl mit allen Ritualen und Zeremonien. Das beeindruckte vor allem die »großen« Ministranten, die damals um die 16 waren, so sehr, daß sie es unbedingt »nachempfinden« wollten. Jahrzehntelang haben sie ihre Papstwahl in der

Oberen Pfarre verschwiegen oder höchstens geheimnisvolle Andeutungen gemacht. Jetzt aber sind sie – alle so um die 50 – zu der Überzeugung gelangt, es müßte »der Nachwelt überliefert werden«, auch wenn es sicher den einen oder anderen humorlosen Christen geben mag, der daran Anstoß nimmt.

Der Heiner und der Karl erzählen mir also: Die einzige Möglichkeit, in der Oberen Pfarre eine Papstwahl durchzuführen, war natürlich die nächtliche Ehrenwache zur Zeit des Muttergottesfestes im August. Dann steht nämlich das Gnadenbild, mit Schmuck und Votivgaben ausgestattet, unten im Kirchenschiff. Aus diesem Grund wird nachts eine Ehrenwache gehalten, die alle zwei Stunden wechselt. Also trugen sich von 11 bis 3 Uhr zweimal zwei Ministranten ein: »Die zehä andärn hom scho hintärn Säufätürmla gäwart und miä hom sie durch die Sakristeitüä reigälossn, obä örscht, wie die Luft rein woä. Natürlich hom sie aa die Bieäkästn mitgäbrocht, die wu miä im ›Ölberg‹ obgstellt hom. Wals so schwül woä, hommä gleich a Partie Flaschn im kupferna Weihwassäbehältä koltgstellt.«

So waren also die ersten Vorbereitungen getroffen. Der Muttergotteswache eingedenk, beteten die Burschen zuerst einen Rosenkranz, dann zogen sie ihre Ministrantenröcke an. Die roten Decken, die an Festtagen über die Bänke gebreitet werden, nahmen sie als Kardinalschleppen. Dann zogen sie mit brennenden Kerzen durch die dunkle Kirche, und Karl, der Camerlengo, sperrte symbolisch die schon verschlossenen Türen noch einmal ab, schlug mit einem Stab dagegen und rief »Extra omnes« – genau wie in der Sixtinischen Kapelle. Dann nahmen alle im Chorgestühl Platz und stimmten die Allerheiligenlitanei an. Dabei konnten es sich die Freggä nicht verkneifen, Namen von Personen einzufügen, die sie nicht mochten, und dann »Herr, befreie uns« zu singen. So nannten sie beispielsweise den Spitznamen eines lehrerinnenhaften

Mädchens, »Mater Raupuntia«, und sangen darauf: »Libera nos, domine!«

Nun bestieg ein »Kardinal« die Kanzel. Die Kirchenfürsten hatten sehr bodenständige Namen: Es gab einen Jakob von Daschendorf, einen Johann vom Kaulberg, einen Heinrich von Süsselfohr. Der Prediger beschwor das Kollegium, einen guten Papst zu wählen, einen, der Nachsicht habe mit allen, die im Greifenklau »a poä Mäßla« trinken, und der auch selbst das Bier nicht verachte. Dann schritt man zur eigentlichen Wahl. Der Kardinalstaatssekretär ging mit dem Klingelbeutel zu den einzelnen, und der Name des jeweiligen Kandidaten wurde hineingesprochen. Stimmzettel gab es keine, es wurde mitgezählt. Den so »Erwählten« kleidete man in das weiße

»Große« Ministranten der Oberen Pfarre bei ihrer Verabschiedung 1967

Gewand eines Missionars, das zufällig in der Sakristei hing. Vor der Krönung hält man in Rom dem zukünftigen Papst ein schnell verbrennendes Bündel Werg entgegen, das die Vergänglichkeit irdischer Macht zeigen soll. Unsere Ministranten zeichneten deshalb ein Kreuz mit der Flamme einer Kerze, die sie dann schnell ausbliesen: »Sic transit gloria mundi!« Dann wurde ihm die hölzerne Tiara, die die Obere Pfarre besitzt, aufgesetzt und die Kommunionbank geschlossen, weil sie die Segensloggia des Petersdomes darstellen sollte. Robert, der älteste Kardinaldiakon, verkündete laut, aber ein wenig stotternd: »Habemus Babam – wir ha-haben einen Papst. Es ist Ha-hans Georg von Mi-mistendorf!« Vereinzelte Zwischenrufe wurden laut: »Wolle mer ihn reilosse?«

Während sich das Kollegium in die Sakristei begab, um einen »Papstschafkopf« zu karten, eilte eine Delegation in den Wienerwald und kaufte Hähnchenschenkel für das feierliche Papstmahl. Die übriggebliebenen Knochen wurden in die silberne Folie gehüllt und in einer »Reliquienprozession« durch den Chorumgang getragen. Am nächsten Tag entdeckte ein Kirchenbesucher Hühnerknochen im gotischen Gesprenge über der »Mariengeburt«. Sollte sich die heilige Anna im Wochenbett mit einem Hühnchen gestärkt haben? Mä sollts net glaabn!

So wurde mehrere Jahre lang – immer bei der nächtlichen Ehrenwache – ein neuer Papst gewählt, bis es einmal aufflog. Und schuld daran war, wie so oft, der sprichwörtliche kleine Bruder. Ausnahmsweise wurde dem Jüngeren gestattet, mitzumachen. Aber beim Papstmahl in der Sakristei sagte er recht unbescheiden: »Euä Bieä wächst mä zum Hols raus! Hobtä nix andärsch?« Und schon öffnete er die Sakristeischränke, bis er schließlich eine noch fast volle Flasche Meßwein entdeckte, die er sich schmecken ließ, unbekümmert darum, daß es Diätwein war. Am nächsten Morgen entdeckte der Zelebrant, daß seine Flasche leer war, und beschuldigte den Mesner Kager. Für den war nun das Maß voll. Aufgebracht sagte er zu den großen Ministranten »Schluß, ein- für allamol! Ich hob märs ja nuch eigeh gäloßt, daß i für euch die Bieäflaschn-Etikettn ausm Weihwassäbehältä rausfischn gämußt hob, obä daß i den Meßwein rausgsuffn hobn soll, des loß i net auf miä sitzn!«

Seither gab es keine Papstwahl mehr in der Oberen Pfarre – und es regiert immer noch unbemerkt Helmut I. von ??? In den langen Jahren seines Pontifikats hat er nämlich sogar seinen Beinamen vergessen!

Kindstaaf heutzädooch

Bei der Taufe meines jüngsten Enkels denke ich: Wie vieles hat sich doch in den vergangenen 60 Jahren auf dem Kaulberg verändert! Natürlich ist der Taufritus der gleiche geblieben, wenn auch nicht mehr in lateinischer Sprache, die zwar für die meisten unverständlich war, aber doch eine gewisse magische Wirkung auf sie hatte. Der jüngste Ururenkel des Häckers Simon Motschenbacher wird auch nicht mehr in der Oberen Pfarre getauft, weil dessen Eltern auf das ererbte Feld, das unter Naturschutz gestellt worden ist, nicht bauen durften. So mußten sie auf das Umland ausweichen. Selbst beim Stammhalter werden keine hellblauen Kerzendreier mehr gebunden, und »Wicklküss« gibts aa kaans meä.

Zudem ist der Täufling inzwischen schon ein Vierteljahr alt – wenn man früher so lange gewartet hätte mit der Taufe, wäre man als der »reinst Heid« verschrien worden. Aber die Eltern des Bübchens haben den Tauftag so spät angesetzt, damit alle ihre Geschwister – auch die auswärtigen – mit ihren Familien teilnehmen können.

Sie alle sind zu dem Ort im Bamberger Umland gefahren und stehen in Gruppen vor der schönen, alten Dorfkirche. Als letzte treffen die Eltern mit dem Täufling ein, der mit Wollmütze und Thermoanzug recht stramm anzusehen ist. Die Großtanten bedauern zwar das Fehlen eines Taufkissens mit Satin und Spitzengeriesel, »obä eä is doch a schös fests Zwoggäla!« Endlich kommt auch der Herr Pfarrer, der gleich mehrere Gemeinden zu betreuen hat, auf dem Fahrrad daher. Als er sich aus dem Sattel schwingt, klatscht das dreijährige Nachbarskind in die Hände: »Ej, den kenn i vo dä Kärng! Des is fei der Gott!«

Jetzt formieren sich alle zu einem Zug in die Kirche, und die Taufe beginnt. Aber die weihevolle Stimmung wird jäh unterbrochen vom kleinen Stefan, der sich nicht genug einbezogen fühlt: »Ich will j-aus!« schreit er, »Papa, es is so langweilig!« Sein Vater beschwichtigt ihn und läßt ihn, damit er Ruh gibt, auf Entdeckungsreise in die Kirche gehen. Eine Weile wandert er still herum, dann entdeckt er den barocken Hochaltar, steigt hinauf, fängt vergnügt an, die Treppen hinunterzuhüpfen, und fordert die anderen Kinder auf, mitzumachen. Wieder muß der Vater eingreifen – dem macht's nicht soviel aus, er ist's gewöhnt –, aber die Oma Rettl schwitzt Blut: »Wu steckt ä denn etz widdä, dä klaa Freggä?« Die Treppen haben's ihm angetan, jetzt ist der frech Zwoggl zur Kanzel hinaufgeklettert und macht Klimmzüge an der Brüstung, weil er drüberschaun möchte. Er schafft es nicht und ruft wütend nach seinem Vater. Seine Mutter ist nämlich heute für ihn tabu: Sie ist die Patin des kleinen Florian. »Die väkehrt Welt«, denkt die Oma Rettl, »wos hätt mei Großvoddä Fritz däzu gsocht, der tödlich bäleidicht gäwesn wär, wenn sei Boodla net sein Noma gricht hätt!« Gerade wird dem Täufling die Mütze abgenom-

Der klaa frech Zwoggl mit seim Voddä auf der Kanzel der Memmelsdorfer Pfarrkirche

men, und als das Taufwasser über seinen Kopf fließt, fängt er laut und protestierend an zu schreien. »Do schau heä«, brummt der Großvater, »des is ja a klaanä Protestant!« Das Lied zum Abschluß »Fest soll mein Taufbund immer stehn« ist so ziemlich das gleiche wie früher – stellt die ältere Generation befriedigt fest. »Obä schönä is des Lied desweeng aa net worn«, meint ein musikalisch beschlagener Großonkel trocken.

Dann geht's zum Taufkaffee in das Elternhaus des Täuflings: Die Oma sitzt dem Herrn Pfarrer gegenüber und meint, sich für die Unarten ihres Enkels Stefan entschuldigen zu müssen. Aber der winkt lachend ab: »Da sind wir ganz anderes gewöhnt. Ich hatte einmal ein sechsjähriges Kind zu taufen. Das kommt nicht oft vor. Ich empfing den Buben mit seinen Eltern und dem Paten an der Kirchentür und besprengte ihn kräftig mit Weihwasser. ›Du Drecksau‹, rief der Junge empört, schüttelte sich und putzte an seinem neuen Anzug herum.« Der Pfarrer schaut in die Runde. »Sie verbeißen das Lachen, das mußte ich damals auch!«

Keeskung mit Streusäla

Des Rezept stammt vo aanä oldn Pfarrersköcha, die wus long net värrotn hot. Obä die Förners Hella hots ra schließlich doch obgänögglt und miä aa obgschriebn. A Diätrezept is bästimmt net, ehrer a Kalorienbombm!

Für den Teig:
   500 g Mehl
   2 Eigelb oder 1 Ei
   250 g Zucker
   1 Vanillezucker
   250 g Butter
   Saft einer Zitrone
   1 Backpulver

Für den Belag:
   125 g Butter
   5 Eier
   750 g Quark
   1 Eßlöffel Rum
   250 g Zucker
   1 Zitrone
   1 Vanillezucker

Des Mehl und die anärn Zudadn vämischn und zä Streusäla zäbröseln. Zwaa Drittl dävoo aufn Bodn vo aanä Springform drückn, die wu mä zävoä gut eigfett hot, und aa an Rond machn.

Donn die weich Buttä mitn Zuckä und en Vanillzuckä schaumich rührn, die fünf Eiä noch und noch zugebn und aa den Soft und di obgäriebna Schooln vo dä Zitrona, zäletzt den Rum. Löfflweis kummt donn dä Ziebäläskees nei und wird schöö schaumich gärührt – om bestn mit an elektrischn Schloggärät odä -besn. Des Ganza aufn Teigbodn streing und obndrauf die Streusäla streua. Deä Keeskuung wird 60 bis 75 Minutn im Backofen bei 150 Grod gebackn, »Heißluft«, wenns geht!

Gutn Appetit – obä die Stückä fei net zä groß schneidn!

ÜBER DIE AUTORIN

Rettl Motschenbacher wurde am 3. Oktober 1931 als erstes Kind ihrer Eltern in Bamberg geboren, nicht als der erhoffte Stammhalter: a Maadla halt! Getauft wurde sie auf den Namen Margareta Maria, und zwar in der Oberen Pfarre, wo in den Taufmatrikeln schon ihre Urgroßväter zu finden sind. Von der Mutter her kam sie aus der Häckerfamilie Motschenbacher, der Urgroßvater von der anderen Seite war ein »Altenburger Häcker«. Kaum hatte sie es gelernt, war das Lesen ihre große Leidenschaft. Zum Entsetzen ihrer Lehrer ging sie nach der Mittleren Reife von der Mädchenschule im Bach ab, um Haushalt zu lernen. Noch keine zwanzig, heiratete sie den Lehrer Josef Schmidt und zog mit ihm in das kleinste Haus von »Schäätz« und brachte zwei Buben und zwei Mädchen zur Welt. Inzwischen wieder in Bamberg, lebte sie als »Nur-Hausfrau« und Mutter und fühlte sich dabei (selbst wenn das schrecklich unmodern klingt) tatsächlich wohl, ausgefüllt und verwirklicht.

In dieser Zeit beschränkten sich ihre »literarischen Erfolge« auf die hochgelobten Hausaufsätze ihrer Kinder. Nachdem diese nach und nach von zu Hause ausgezogen waren, engagierte sie sich mehr in der Pfarrgemeinde: in der Frauenschola, im Frauenkreis und beim Weiberfasching der Oberen Pfarre. Als Berichterstatterin für den »Fränkischen Tag« über das Gemeindeleben emanzipierte sie sich endlich und begann, die »Kaulberger Geschichten« zu schreiben. Bedingung für die Veröffentlichung in der Zeitung war, daß mindestens fünf vorliegen mußten, um das »Sommerloch« zu füllen. No ja, und donn is halt weitä ganga!

INSELN DES VERTRAUTEN

NACHWORT VON KARIN DENGLER-SCHREIBER

Erinnerung schafft den Raum, in dem wir beheimatet sind. Sie ist die Grundlage jeder Kultur. Ohne Erinnerung verliert man sich selbst. Das gilt für Individuen ebenso wie für größere Systeme: für Städte, Regionen, Länder und Völker.

Erinnerungen aber neigen dazu, zu verschwinden. Sie sterben mit den Menschen, wenn sie nicht irgendwo gespeichert werden. Wichtigstes Speichermedium über Jahrtausende hinweg waren Erzählungen, Erzählungen davon, »wie es früher war«. Neben all unseren heutigen Medien ist diese Form der Erinnerung fast verloren gegangen. Rettl Motschenbacher bringt sie wieder zur Geltung. Sie erzählt uns Geschichten, die sie gehört hat, die ihr erzählt wurden, die sie suchte und fand. Sie erzählt mit dem typisch fränkischen Humor, der verschmitzt ist und nicht auf Anhieb zu erkennen, der in den Augenwinkeln sitzt und faustdick hinter den Ohren. Eine Komponente dieses Humors allerdings fehlt bei ihr: die Schadenfreude. Sie erzählt zwar häufig davon, doch ihre eigenen Texte sind frei davon. Sie sind geprägt von Offenheit, Zuhörenkönnen und liebevoll-augenzwinkernder Zuneigung. Sie muß eine wundervolle Großmutter sein.

Ihre »Geschichten vom Kaulberg« erfassen einen Zeitraum von etwa 100 Jahren. Das ist viel für mündliche Überlieferung. Für die Zeit davor ist man auf schriftliche Quellen angewiesen, und die sind meist bei weitem nicht so lebendig wie Erzählungen, sondern »eingetrocknete Reste« wie Verkaufsurkunden, Testamente, Steuerlisten oder Prozeßakten, die von den Historikern erst »eingeweicht« und mit den entsprechenden Zutaten genießbar gemacht werden müssen. Und da ich nun mal »auf Historigerin gelärnt hob« und mich in den letzten Jahren besonders mit dem Kaulberg und seiner Umgebung beschäftigt habe, will ich als Ergänzung zu Rettl Motschenbachers Erzählungen eine 450 Jahre alte Geschichte von den Menschen am Kaulberg berichten.

Am Montag und Dienstag nach Cantate (20./21. Mai) des Jahres 1549 ging der Gassenhauptmann Niclas Eyber in seiner »Gassenhauptmannschaft am Unteren Kaulberg« in Bamberg von Haus zu Haus, um für die Steuer diejenigen aufzulisten, »so in gemelter hauptmannschaft inwoner sindt, sie sein reich oder arm«. Er wurde begleitet von dem Kürschner Niclas Zimmermann, vom »alten Marstaller und Hof-Reitschmied« Hans Multzer und von Jorg Leupolt, Gerichtsschreiber bei St. Jakob, der »sich mit Schreiben sein Geld verdient«. Niclas Eyber hat Eigenschaften, für die wir ihm heute sehr dankbar sind: Er ist neugierig und ein bißchen geschwätzig. So wird sein Text wie ein Fenster, durch das wir plötzlich in die sonst verschlossenen Häuser in diesem Stadtquartier hineinschauen können. Unsere üblichen Quellen nennen meist nur den Haushaltsvorstand und seine Frau, aber wir erfahren selten etwas über Kinder, Großmütter, Knechte oder Mägde. Niclas Eyber nennt sie und beschreibt zum Teil sogar ihr Aussehen, z. B.: Der Domvikarier »Herr Sigmundt Popp hatt bey ime innen ein alt feist weib, sein köchin zu seiner haußhaltung«.

Niclas Eybers Hauptmannschaft umfaßt die Häuser am Pfahlplätzchen, am Unteren Kaulberg und im Vorderen und Hinteren Bach. In diesen Häusern hat Niclas Eyber 1549 mit seinen Helfern 55 Haushalte, in denen über 200 Menschen lebten, besucht und beschrieben. Es war nicht gerade ein kinderreiches Viertel: Nur etwa 35 Kinder gab es in der Hauptmannschaft. Ungefähr 30 Mägde und Köchinnen und 15 Knechte bzw. Handwerksgesellen arbeiteten dort und daneben eine Reihe mithelfender Angehöriger: Ein Bruder des »geistlichen hoff und landtgericht procurators Simon Silberhorn« diente ihm als Schreiber, der Werkmeister Jörg Horn hatte »ein mumen anstatt einer magdt«.

Wenn sie nicht mehr arbeiten können, wird das mitleidig erwähnt: Der Soldat (raisigknecht) Marx Pirer und seine Frau haben deren Mutter bei sich, »ein alts, krancks weyb«. Auch die Mutter der armen Witwe Margret Schluncker kann »nichts gewinnen«, denn sie ist »gantz geschwollen und wassersüchtig, auch gantz erplindt«.

Die Berufsstruktur im Bach war eindeutig vom »Domberg« als Arbeitgeber geprägt: 29 von den 55 Haushaltsvorständen waren Geistliche, Kirchendiener, am Hof des Bischofs oder vom Domkapitel angestellt: Sie waren Landrichtersverweser, Landschreiber, Hofrat, bischöflicher Sekretär, Werkmeister, Dompropsteiverwalter, Hof- und Landgerichtsprocurator, Domorganist, Kanzleiknecht, Landbote, Kutscher bei Hof, Soldat und Hofreitschmied.

Am Kaulberg dagegen waren die Berufe stärker auf bürgerliche Bedürfnisse ausgerichtet. Rund um das Pfahlplätzchen, am Beginn der Straße, die nach Westen die Stadt verließ, lagen 3 Wirtshäuser: der Guldene Ring, die Drei Mohren und der Grüne Baum. In der Nähe des Mittleren Kaulberger Tores beim Frauenplatz saß der Büttner zum Regenbogen, der Wein und Bier ausschenkte und Leute über Nacht beherbergte ebenso wie Cuntz Rott im Haus zum Hirschenhorn, der außerdem noch eigene Weinberge hatte. Von seinem Weingarten und »mit Hacken« ernährte sich Hans Lorenz, während seine Frau »auf dem Grempelmarkt feilhat«. Kleinhändler (Pfragner) waren Hans Murhaupt und auch Barbara Engelhart und ihr Sohn, die sich auf Gewehre (Feuerpuchsen) spezialisiert hatten.

Handwerker gab es in diesem Stadtviertel wenige. Der Bäcker am Tor war für die Versorgung des Quartiers notwendig. Eine Werkstatt mit Gesellen hatten nur ein Kürschner und ein Schneider, der eigentlich ein Haus in der Hölle bewohnte und nur »vor dem Sterben«, der Pest also, ins nächste Stadtquartier geflohen war. Lang eingesessen war die Seilerei im Haus Unterer Kaulberg 12. In einem Vikarierhaus wohnte eine Zimmermannsfamilie zur Miete. Auch ein Schuster hatte sich hier eingemietet, dessen Frau sich mit Nähen Geld verdiente. Das Haus, in dem die meisten, nämlich neun, Personen zusammenlebten, war die Badstube neben dem Ebracher Hof am Unteren Kaulberg: der Bader und seine Frau mit zwei Kindern, seine Mutter, eine Bademagd mit Kind und weitere Dienstboten, von denen einer der Badknechte mit seiner Frau in dem »Nebenhäuslein unter einer Bedachung«, wohl einer Art Schuppen, hauste.

Auffallend ist die große Anzahl alleinstehender Frauen, die einen Beruf ausüben: acht Köchinnen, von denen eine sogar »ligende stuck«, also Grundstücke besitzt, aus denen sie Einkünfte bezieht; fünf Näherinnen, von denen zwei Lehrmädchen ausbilden; drei Frauen halten »auf dem Grempelmarkt feil«, eine ist dabei eine »geschworene Furkauferin«, eine ernährt sich mit Spinnen und ein »altes freulein« ist Taglöhnerin. Fast alle diese Frauen sind Witwen oder sind unverheiratet in irgendeinem Haushalt untergeschlüpft. Nur »Katharina Eygerin sitzt in irem aigen heußlein Zum weintreubel, hat nimandt bey ir innen, nert sich mit spinnen vnd anderer arbeit«. Und nur eine Frau, die Witfrau Kunigunda Schmidin, die mit ihrer Tochter Juliana im Haus ihres Schwagers, des Kapitelkastners, wohnt, scheint soviel Vermögen gehabt zu haben, daß sie nicht arbeiten mußte, sich eine Dienstmagd leisten konnte und sich sogar freiwillig bereit erklärt, in Zukunft Wachgelder zu zahlen. Ganz arm dran ist andererseits die Witwe des Stuhlbruders Anton Schluncker, die fünf kleine Kinder (so viele wie sonst niemand im ganzen Viertel) und eine blinde und wassersüchtige Mutter hat. Ihr ältester Sohn ist zwar schon »Subdiar« im Dom, doch das scheint nicht viel einzubringen, denn sie »hat nichts dan was sie mit spinen gewinnt« und sie sind alle »des almussen und hilf notturftig«.

Die sozialen Unterschiede innerhalb des Quartiers sind also beträchtlich. Da ist z. B. die Familie Müntzer am Pfahlplätzchen, die zu den reichsten Steuerzahlern der Stadt gehört; auch die Vermögen der bischöflichen Beamten Mertein Müllner, Landschreiber, und Kilian Thein, Sekretär, liegen weit über dem Durchschnitt. Direkt daneben wohnt Linhart Kolzauer, der früher Kirchner im Dom war, aber jetzt arm und lahm ist und »das almussen begert«, so wie die erwähnte bettelarme Familie der Witwe Schluncker.

Aus den Listen Niclas Eybers geht auch überraschend deutlich hervor, was der Unterschied zwischen Immunität und Bürgerstadt, der in der Geschichte der Stadt Bamberg eine so wichtige Rolle gespielt hat, im Alltag der Menschen bedeutet; es wird klar, warum die Bürger immer wieder soviel Mühe darauf verwandt haben, die Immunitäten zum »Mitleiden« zu bringen. Da ist zum Beispiel der bischöfliche Sekretär Kilian Thein in seinem schönen großen Haus Hinterer Bach 1, mit seinen 1200 fl. Vermögen und seinen 2 Dienstmägden – er muß sich nicht an der kommunalen Aufgabe der Wache beteiligen, muß keine Waffen und keine Rüstung kaufen und bereithalten und kein Wochengeld zahlen.

Da ist andererseits die Witwe Els Felterin, die so krank ist, daß sie nicht arbeiten und nichts verdienen kann und »das almussen begert« und die dennoch eine halbe Wach leisten muß, obwohl sie sagt, sie »hab kein Wehr dann zwen alte bratspieß«.

29 von 55 Haushalten in der Eyberschen Hauptmannschaft sind »gefreit«, die restlichen 16 »Familien« bekommen die öffentlichen Aufgaben und Ausgaben für die anderen zu den eigenen mit auferlegt. Das ist nicht nur eine verwaltungs- und rechtsorganisatorische Angelegenheit; diese tagtäglich spürbare Ungerechtigkeit erzeugt Verbitterung und Ärger, sie erlaubt den einen den sozialen Aufstieg und hält die anderen klein, nimmt den einen die Gelder weg, womit die anderen Vermögen ansammeln können.

Alltagsgeschichte in der Vergangenheit – ein Thema, das in den letzten Jahrzehnten zunehmend Beachtung gefunden hat. Doch noch immer gilt, daß wir über die realen Lebensumstände vor allem der einfachen Leute in Wahrheit recht wenig, ja auf Grund der Quellenlage entschieden zu wenig wissen und daß sich die Geschichtswissenschaft dieser Realität nur bescheiden, in kleinen Schritten zu nähern vermag.

Damit wird klar, warum Aufzeichnungen wie die von Rettl Motschenbacher so wichtig sind: Sie halten einen Lebensbereich fest, der sonst selten schriftlich fixiert wird. Sie erzählen vom täglichen Leben. Vom täglichen Leben am Kaulberg in Bamberg. Doch in diesem Mikrokosmos spiegeln sich die Veränderungen wider, die die Entwicklung auch in größeren Zusammenhängen bestimmen.

Und diese Veränderungen ereignen sich in unserer Gegenwart mit un-menschlicher Geschwindigkeit. Die Geschichten von Rettl Motschenbacher spielen vor wenigen Jahrzehnten, und doch ist die von ihr beschriebene Welt für unsere Kinder, Angehörige der Fernseh- und Computergeneration, so fern wie eine fremde Kultur. Der Verfallswert von Erfahrungen halbiert sich in immer kürzeren Abständen. Das aber bekommt uns nicht gut. Wenn die Veränderungen in unserem Umfeld ein gewisses Maß übersteigen, verlieren wir die Orientierung. Wir benötigen »Wahrzeichen«, die uns vertraut sind und auf die wir vertrauen können: das Bild einer Landschaft, die Türmesilhouette und das Straßensystem einer Stadt, der Ritus eines Gottesdienstes, das Brauchtum im Jahresrhythmus, die Formen von Höflichkeit, die ungeschriebenen Gesetze dessen, was man tut oder nicht tun kann.

All das ist heute im Fluß, in einem rasend schnellen Fluß. Hier »Inseln des Vertrauten« zu erhalten, an denen Erinnerung sich festmachen kann, ist eine der wichtigsten Aufgaben der Heimatpflege. Und deshalb sind die »Kaulberger Geschichten« von Rettl Motschenbacher Heimatpflege im besten Sinne: sie be-wahren Erinnerungen, lassen sie uns wahrnehmen und machen sie zu vertrauten Wahr-zeichen.

Danksagung

Herzlich danken möchte ich allen, die mich beim Werden dieses Buches, durch Impulse für Geschichten oder Ergänzungen dazu, unterstützt haben. Ebenso gilt mein Dank denjenigen, die mir so freundlich und selbstverständlich ihre wertvollen alten Aufnahmen und Familienfotos zur Verfügung gestellt haben: Babette Bäuerlein, Horst Besler, Monika Bayer, Dieter Dirauf, Rosalinde Dornhöfer, Fritz Eichfelder, Erwin Ferch, Karl Fischer, Hella Fröner, Willi Geuß, Renate Gröhling, Andreas und Elisabeth Huck, Gunda, Heinrich und Juliette Kemmer, Michael Kager, Adam Kleinlein, Margit Kremer, Brigitte Kunze, Karl-Heinz Löbenfelder, Ruth Meixner, Georg und Grete Müller, Dr. Manfred Lugauer, Hans Reges, Peter Reil, Sybille Ruß, Rita Schley, Josef Schmidt, Dr. Susanne Schmidt, Wolfram Schmidt, Elisabeth Schmidt-Tilch, Andreas Späth, Valentin Spiegel, Theresia Sterzl, Helga und Johann Stöcklein, Schorsch Tafler, Lotte Trunk, Anneliese Übel, P. Titus Wegener, Rudi Wolf, Dr. Josef Zerndl.

Mein ganz besonderer Dank gilt Heimatpflegerin Dr. Karin Dengler-Schreiber für ihr überzeugendes, historisch-ergänzendes Nachwort, Monika Beer für das einfühlsame und kompetente Lektorat, meinem Sohn Dr. Uli Schmidt für die fachkundige und kritische Beratung, meinem Mann für seine Aufgeschlossenheit, Geduld und Zuhör-Bereitschaft.

Abbildungsnachweis

Das Titelbild zeigt Marktfrauen vor dem Goblmoo um 1920 in einer bisher unveröffentlichten Aufnahme aus dem Stadtarchiv Bamberg (Reproduktion: M. Pietz), die Aufnahme auf der Rückseite mit jungen Müttern auf dem Laurenziplatz in den 50er Jahren stammt von Emil Bauer. Die weiteren Vorlagen wurden überwiegend von privaten Leihgebern zur Verfügung gestellt sowie von den Berufsfotografen Emil Bauer (S. 21, 27, 72, 85, 102 und 104), Ronald Rinklef (S. 78) und Wolfram Schmidt (S. 15, 46 und 67). Die Zeichnung auf S. 13 stammt aus dem Buch »Lachendes Bamberg« von Hans Morper, erschienen in der Bayerischen Verlagsanstalt Bamberg, der Schnappschuß von Bischof Joseph Otto als Spielführer auf S. 56 aus dem Buch »Die Bamberger Erzbischöfe. Lebensbilder« von Josef Urban, Archiv des Erzbistums Bamberg.

Die 35 Kurzgeschichten von Rettl Motschenbacher umfassen Wohl und Wehe von fünf Generationen einer Häckerfamilie, handeln von Schabernack und Scherz, aber auch vom harten Alltag der Männer, ihrer handfesten Frauen und vieler Kinder, die in der kleinen Welt am Kaulberg groß wurden.

Verlag Fränkischer Tag, 128 Seiten, 40 Duoton-Abbildungen, Pappband, DM 19,80   ISBN 3-928648-29-2
»Häcker, Heilige und Hollämöffl« ist zu beziehen über: Fränkischer Tag GmbH & Co. KG, Buchverlag, Gutenbergstraße 1, 96050 Bamberg, Fon (0951) 188-125 und 188-315, Fax 188-118, E-Mail: buchbestellung@fraenkischer-tag.de.